이미 완전한 당신
어웨이크너

이성엽

Awakener

박영story

Awakener

어웨이크너(Awakener), 현각자(賢覺者)는 깨달은 존재이며 동시에 타인을 깨우는 존재다. NLP의 메카인 산타 크루즈(Santa Cruz)에서 지금도 활동하는 NLP 창시멤버 로버트 딜츠(Robert Dilts)는 어웨이크너를 정신(Spirituality)을 다루는 존재로 정의한다.

딜츠는 인간의 변화와 성장의 내용과 수준에 따라 리더의 개념을 정의한다. 환경에 적응할 수 있도록 도와주는 사람을 가이드(guide), 행동의 변화를 도와주는 사람을 코치(coach), 능력을 키워주는 사람을 교사(teacher), 가치와 신념을 점검하고 정립하게 도와주는 이를 멘토(mentor), 자신의 정체성(identity)을 발견하게 돕는 이를 스폰서(sponsor), 그리고 정신을 깨우는 사람을 어웨이크너라고 명명한다.

어웨이크너	정신을 깨우는 사람
스폰서	정체성을 발견하게 돕는 사람
멘토	가치와 신념을 점검하고 정립하게 돕는 사람
교사	능력을 키워주는 사람
코치	행동의 변화를 돕는 사람
가이드	환경에 적응할 수 있도록 돕는 사람

목 차

생각이라는 감옥에서 빠져나와
자신과 타인을 깨우는 삶으로

제가 지난 시간, 많은 사람들과 에너지를 나누어온 강의와 글의 핵심은 우리 각자가 스스로 주체성을 깨닫는 것, 스스로 귀한 존재임을 깨닫는 것, 순수의식 상태에 있을 때 무한 능력을 발휘할 수 있다는 것, 내 안에 무한한 가능성이 이미 존재한다는 것을 아는 것, 결국 나는 이미 완전한 존재임을 아는 것입니다.

이는 모든 일은 내 책임이라는 것, 모든 현재의 원인은 나였다는 것을 몸으로 알게 되고 매 순간 주도적 선택을 하는 실존적 삶이 시작된다는 의미입니다. 내가 바로 서면, 내가 주체가 되면, 내가 책임지는 존재가 되면, 그래서 내 마음이 열리면 만나는 모든 사람이 스승이 될 수 있습니다. 하루하루 경험하는 모든 것들을 지혜로 바꾸려 하는 절차탁마의 시간이 만들어집니다.

이렇듯 우주와 삶의 원리가 몸으로 느껴지고, 내가 나를 용서하고, 이해하고, 사랑하기 시작하는 순간 한없는 자비심이 올라오는 뜨거움을 느낄 수 있습니다. 바로 그 순간! 잠자고 있는 타자(他者)가 눈에 들어오고 타인이 또 다른 나임을 느끼게 되고 온 우주가 하나임을 알아차리게 됩니다.

·

언젠가 함께 공부하고 있는 '마법사(마음의 법칙을 알고 사용하는 사람들)'들과 브레인스토밍하던 중, 한 마법사께서 방점을 찍으셨습니다. "제가 참가한 교수님의 수업이 300시간이 넘는데, 그 내용은 한마디로 자기인식(Self Awareness)이 충분한 깨달음(Enlightenment)을 가진 깨우는 사람(Awakener)이 되는 것에 관한 것이었습니다." 이 책의 테마는 이미 '완전한 나'를 만나는 현각자의 길, 어웨이크너(Awakener)입니다.

자, 당신은 누구인가요? 당신의 이름이 당신인가요? 당신의 직업이 당신인가요? 당신의 가방과 자동차가 당신을 설명하나요? 당신은 누구인가요? 이 질문에 '나는 물이다!'라고 할 수도 있을 것입니다. 우리 신체의 70%는 물로 이루어져 있으니 이는 틀린 말이 아닐 수도 있습니다. 과연 우리는 물인가요? 내 팔이, 내 다리가 '나'일까요? 10여 년 전 잠시 머물던 계룡산 아래 어느 공부방에서 온몸을 잘라내는 상상을 하라면서 '나는 누구인가?'라는 화두를 던졌던 적이 있습니다. 몸이 나인가요?

NLP(Neuro-Linguistic Programming)에서는 나를 '신념의 더미'라고 전제합니다. 이런 생각, 저런 생각, 또 다른 어떤 생각의 집합체가 바로 '나'인 것입니다. 그런데 이 '나'는 '참나'가 아닙니다. 대개 '에고(ego)'라고 부르거나 '퍼스널리티(personality)'라고 부르는 '착각하고 있는 나'인 것이지요.

우리는 태어나면서부터 무엇인가를 경험하고 그 경험을 해석합니다. 반복된 주관적 해석은 누적되고, 또 누적되어 자신의 스토리가 되고 세상을 바라보는 프레임이 됩니다. 그것을 NLP에서 지칭하는 프레임으로 표현하든, 임마누엘 칸트처럼 '렌즈'로 표현하든, 원효처럼 '마음'으로 표현하든, 불가에서 말하는 '관(perspective)'으로 표현하든 용어는 중요하지 않습니다.

인간은 수많은 경험을 하고, 그 경험을 해석하며 자신만의 스토리를 만들고, 그 스토리가 반복되면서 자신도 모르는 사이에 하나의 믿음과 가치가 형성됩니다. 소위 '스며들기 학습'으로 에고(ego)가 만들어지는 것이지요. 나는 내가 믿고 있는 믿음과 신념의 합(合)이라고 할 수 있습니다. 따라서 나는 그간의 경험을 해석하며 삶을 통해 스며들기 학습으로 이루어진 믿음의 총합이라 할 수 있는 것입니다. 우리는 이렇게 만들어진 나를 '참 나'라고 믿으며 살고 있습니다.

세상이라는 인생학교에서 몸으로 배우며 나도 모르게 스며들어버린 관념과 인생에 대한 개똥철학은 기쁨과 슬픔의 근원이 됩니다. 내가 만든 스토리가 나의 감옥이 됩니다. 모든 슬픔과 고통의 근원은 바로 나도 모르게 내가 만든 생각이라 단언해도 과언이 아닌 것이지요. 바로 마음이 감옥입니다. 내 생각이 고통의 원인입니다. 실존주의와 현상학을 주장하는 철학자들은 그 생각에서 빠져나오라 합니다. 에포케(Epochē) 즉, '판단중지'와 '낯설게 하기'가 감옥과 같은 박스에서 나오기 위한 첫걸음이라 외치는 것입니다.

만약 고통의 원인은 내 생각이고, 그 생각은 사실이 아니라 내가 만들어낸 '착각'임을 안다면, 우리는 그 생각을 지울 수 있고 고통에서 빠져나올 수 있을 것입니다. 그 생각과 착각을 벗어날 수 있다는 원리를 안다면, 우리는 보다 근원적인 나를 찾을 수 있습니다. 또한 한걸음 더 나아가 근원인 순수의식의 상태에서 나 혹은 내 생각이 굳어지게 된 원리와 과정을 이해한다면, 이는 내가 원하는 나를 창조할 수 있는 지혜가 됩니다.

이 '생각하는 나'는 지구별에 적합한 우주복을 입고 있습니다. 아주

약하면서도 복잡하고 정교한 우주복은 오감(五感: 시각, 청각, 촉각, 미각, 후각)을 통해 존재합니다. 생각은 오감을 통해 느낌이 되고, 오감을 통한 느낌이 현실이 됩니다. 느낌은 생각을 만들고 생각은 현실은 지어냅니다. 오감의 역할을 이해한다면 무의식을 정복할 수 있습니다. 우리 뇌는 거대한 착각덩어리일 수도 있기 때문입니다. 오감을 통해 정보를 받는 뇌는 참과 거짓을 구분하지 못합니다. 입력한 대로 출력되도록 프로그래밍되어 있습니다.

내가 내 삶의 창조자임을 깨닫고 창조자로 살아가는 것. 내가 나를 창조하고 만든다는 것. 이는 '스스로 책임짐'을 안다는 것입니다. 모든 것은 내가 창조한 것이기 때문입니다. 이를 이해하고 인정하게 되면, 모든 상처는 수신자 부담임을 알게 됩니다. 내 마음의 주인은 나이기 때문입니다. 이를 깨닫는다면 언제나 '지금 여기'에 존재할 수 있습니다. 내 말이 미래와 현실을 창조합니다. 내 믿음이 해석을 만들어냅니다. 내 기대가 결과를 창조합니다. 모든 일은 내가 원인이며, 내가 창조한다는 이 우주의 법칙을 숙지하는 것이 우리의 절대과업입니다.

의식이 물질의 원인이라면 참으로 귀하고 조심히 다루어야 할 것이 생각과 오감일 것입니다. 언제 내 생각이 그려낸 또 다른 평행우주로 양자도약할지 모르기 때문입니다. 내가 만들어진 원리는 우주의 탄생 원리와 다르지 않을지도 모릅니다. 결국 애씀이 아니라 '그냥 아는 것'이 필요할는지 모르지요. 우주심(宇宙心)과 하나 되는 무아(無我)의 상태로 말입니다.

내가 창조함을 아는 이 순간이 마음에 평화가 가득한 순간입니다. 황홀한 무아지경에서 '나는 행복해!'를 외칩니다. 허나 진정한 자신을 발견한 사람에게 이런 행복감은 오래가지 않습니다. 내가 나를 이해하고 사랑하는 순간, 타인이 눈에 들어오기 때문입니다. 스스로 만든 박스에 갇혀 살고 있는 타인을 모른 체 할 수 없습니다. 소아(小我)적인 세계관에서 우주만물이 '하나'임을 깨치는 순간, '또 다른 나인 너'를 만나게 되기 때문입니다. 내가 너고, 네가 나라는 것, 그리고 우주만물이 하나라는 것을 알아차리기 때문입니다. 그 순간을 경험하고 나면 타인의 성공을 진정으로 기뻐하고 축하할 수 있으며 타인의 아픔이 공명되어 나의 아픔이 됩니다. '지옥이 텅 비어있지 않으면 성불하지 않겠다!'고 외친 지장보살의 마음과 하나되는 것이지요. 하나된 성심으로 타인의 성공을 축하하고 행복을 기원하면 내가 행복해지는 놀라움을 경험합니다.

그래서 리더십의 시작은 셀프리더십입니다. 여기서 말하는 셀프리더십은 그저 자기관리를 잘하는 처세술만 능한 사람을 말하는 것이 아니라 높은 수준의 자신에 대한 자각(Self Awareness)으로 언제나 깨어 있으며 삶을 주도적으로 결정하고 책임지는 주체적인 존재를 말합니다. 한 걸음 나아가 타인도 깨어날 수 있도록 공명되는 삶을 살아가는 어웨이크너를 말하는 것입니다.

이 책이 독자들에게 조금이라도 더 주도적이고 큰 마음으로 하루를 보내는 데 도움이 되길 희망합니다.

지구별의 모든 어웨이크너를 응원하며
율곡관 연구실에서,
구르는 천둥 이성엽.

확신(Confidence),

나는 이미 다 이룬 것을 안다

자신을 변화시키는 과정에서 우리가 겪는 가장 큰 생각의 오류는 '무엇인가를 더 해야 한다'고 여기는 것이다. 지금 나에게 없는 또 다른 조건을 갖추어야 하고, 무엇인가를 배워야 한다고 믿는다. 그래야 그 새로운 것들이 동력이 되어 궁극적인 변화가 온다고 생각한다. 하지만 실제로 우리는 더 갖추어야 할 조건도, 더 배워야 할 것도 없다. **변화는 무언가를 더 해야 이루어지는 것이 아니라 그저 '발견'하는 것과 '창조'하는 것일 뿐이다**. 모든 슬픔과 고통의 원인이 내 생각이었음을 알게 된다면 생각으로 모든 것을 창조할 수 있다는 사실을 알 수 있다. 모든 가능성은 이미 내 속에 존재한다. 그것을 확신하고 행하면 된다. 이는 어웨이크너가 되는 방법의 알파요, 오메가이다.

애쓰지 마라,
애씀을 비우면
귀신도 항복한다

대부분의 사람들은 자신에게 부여된 조건의 산물로써 자신들의 삶을 살아간다. 착각과 비현실 속에서 살아간다는 말이다. 그래서 조건을 찾게 되고 내가 어떤 조건을 갖출 때만 완전함을 느끼게 된다. 이런 착각을 진실로 여긴다면 상대방이 내 외로움을 채워줄 때 행복해지고 상대방이 나에게 사랑한다고 말해 줄 때 행복하다고 믿고 산다. 이 착각이 고통의 시작이라는 것도 모른 채 말이다. 이런 착각은 자꾸 어딘가에 애쓰는 우리 자신을 만들어 내는 주범이다. 애쓴다는 것은 자신이 이미 온전하고 완벽하다는 사실을 모르기 때문에 하는 행동이다. 인간은 완전하지 않다는 착각에 빠져 있기 때문이다.

애쓴다는 것은 자신이 없음을, 나는 완벽하지 않다는 인식을 무의식에게 계속 보내는 것이다. 예수는 이야기했다. "들에 핀 백합화가 어떻게 자라는가 보라. 길쌈도 아니 하고 수고도 아니 하느니라.(마 6:29)"

사과나무는 씨앗에 이미 모든 잠재력과 가능성을 담고 있었다. 이처럼 나는 완전하고 온전하다는 진실을 받아들이고 믿는 것이 필요하다. 위버멘시(Übermensch)를 추구한다면서도 "인간은 불완전한 존재다."라는 니체의 말로 위로하는 감언이설의 철학자를 경계하라. 모든 사람은 완벽해질 수 있다. 이를 의심하는 것은 새가 '날 수 있을까?'를 의심하고, 대추씨가 '난 대추나무가 될 수 있을까?'를 걱정하는 격이다. 누군가가 있어야 무언가가 있어야 내가 온전해지는 것은 아니다. 나는 불완전하다는 착각, 인간은 불완전한 존재라는 착각이 우리의 무한 가능성을 가로막고 있는 것이다. 이런 착각은 필요한 것이 있다면 스스로 채울 수 있음에도 무의식적으로 끝없이 외부에서 찾게 만든다.

아무것도 바라지 않고 활을 쏘면
재능을 한껏 발휘하지만
놋쇠고리를 바라고 쏘면
이미 긴장한다.

금상을 걸고 활을 쏘면
눈이 흐려져
과녁이 두개로 보이니
이미 제정신이 아니다.

그의 기교는 변함이 없지만
상(賞)이 그의 마음을 갈라놓는다.

근심에 싸인 궁수는
활쏘기 자체보다는
상을 타는 것에 더 신경을 쓰게 된다.
그래서 이기려 애쓰니

그것이 그의 힘을 빼앗는다.

- 토머스 머튼, '장자의 도' 중에서

무엇인가를 처음 배우는 입문 단계가 아니라면 도를 닦는 일이라 하더라도 애쓸 필요가 없다. 간절한 소망은 무의식에게 그것이 없다는 것만 공고히 해줄 뿐이다. 다 이룬 것처럼 이미 완전함을 확신하고 그저 감사로 존재하는 것, 이것이 자신을 만난 어웨이크너의 모습이다. 애씀을 비우면 귀신도 항복한다. 이는 욕망이 사라지기 때문이다. 반면 욕망에 사로잡혀 있게 되면 그때부터 악순환이 시작된다. 욕망은 실제로 있는 것이 아니다. '부족함'과 '무엇이 필요하다는 고통'에 따른 상상일 뿐이다. 욕망은 상상이기에 결코 충족될 수 없고, 그렇기 때문에 충족시키려 하면 할수록 더욱 더 강해지기만 한다. 욕망은 바닥이 없는 웅덩이와 같아서 결코 채워질 수 없다. 채워도 채워도 끝이 없는 블랙홀 같은 욕망. 욕망이란 결국 우리를 비참함과 죽음으로 인도할 뿐이다.

따라서 욕망 자체를 억누를 필요가 없다. 만약 욕망이 억압되면 그 욕망을 드러내려고 애를 쓰기 때문이다. 대신에 욕망들을 그냥 흘려보내야 한다. 욕망을 자각한다는 것은 우리가 욕망을 충족시키려 애를 써야 한다는 것이 아니라, 욕망을 억누르려 해서는 안 된다는 의미이다.

02

기다리지 못하는 것의
근본 원인은
바로 불안

인간은 완전하지 않은 존재, 부족한 존재, 미흡한 존재라는 착각은 자신을 들볶고 괴롭히는 자기학대라는 모습으로, 또는 타인에게 무엇인가를 강요하는 모습으로 나타나기도 한다. 먼저 자신을 들볶는 것은 무엇인가를 해야 한다는 것에 집착하기 때문이며 이는 이미 자신이 완전하고 모든 것은 다 이루어져 있다는 우주의 원리를 알지 못하기 때문이다. 즉, 나는 불완전한 존재이고 미래는 불확실하다는 착각이 원인인 것이다. 내 의도가 명확하다면 결국 미래가 현재가 되어 이루어질 일이고, 이것이 우주의 법칙인데 참지 못하고 때를 기다리지 못해 먼저 마음이 앞서가며 헤맨다. 가만히 기다리지 못하고 무언가 해야 한다며 집착하는 것 역시 내가 온 우주와 함께 공명하는 완전한 존재임을 모르기 때문이다. 꿈이나 목표 실현을 위한 추진력은 내 안에서 나와야 한다. 이것은 반응(Re-action)이 아니라 평온함을 유지할 수 있는 힘이다. 행하지 않고 기다리는 것은 현실도피가 아니다. 기다릴 줄 아는 힘을 가지고 스스로 명료해질 때까지 기다리는 것은 지혜이다. 이미 모든 것이 다 이루어져 있다는 완전함과 온전함을 아는 것이다. 이는 온전하게 몰입하고 적극적으로 초점을 맞추어 집중하는 힘이다. 오히려 무엇인가를 자꾸 하려고 하는 조급증, 몰입하지 못하고 기다리지 못함은 불안이 그 원인이다.

　타인을 들볶는 것도 근본 원인은 불안이다. 누군가에게 무엇인가를 강요한다는 것은 그가 그답게 존재함을 인정하는 것이 아니라 그에게 내가 되라고 강요하는 것이다. 사람은 부족해 보여도 존귀한 존재고 완전한 존재다. 충분히 기다리지 못하고 강요하는 것은 존재를 보고 신뢰하는 것이 아니라 현상을 보고 반응하는 것이다. 행동이 미흡해도 지금은 건물을 짓는 시간이라 생각하고 기다릴 수 있어야 한다. 우주의 원리를 알고 있다면 기다릴 수 있다. 설령 상대가 미흡한 점이 있고 실수가 있더라도 '언젠가는 반드시 훌륭하게 될 존재'라는 믿음이 있다면 부족한 부분을 가르치고 훈련시킬 필요는 있어도 화를 낼 이유는 없다. 어떤 상황에서도 그저 친절하게 안내할 수 있게 되는 것이다. 결국 타인에게 화를 내고 억지로 시키는 것은 완전함과 온전함을 알지 못하는 착각 때문이다. 나아가 만약 개선이 필요하다면 타인이 아니라 자신이라는 것을 아는 것이 어웨이크너의 참모습이다.

　『인격의 힘(A Question of Character)』의 저자인 론 시몬스(Ron P. Simmons)는 수많은 기업의 리더들과 인터뷰한 후 다음과 같은 결론을 내렸다. "리더십에 대한 토론은 대개 능력과 경쟁에 대한 이야기로 시작되지만, 결국은 한 개인의 인격과 성실성에 대한 이야기로 끝을 맺는다."

　새뮤얼 스마일스(Samuel Smiles)도 『인격론』에서 "성공하는 사람들의 공통점은 천재성이 아니라 훌륭한 인격이다. 천재성은 감탄을 자아내지만, 인격은 끊임없는 존경심을 만들어 내기 때문이다."라고 말했다. 결국 내면적 성찰과 인간의 순수의식이라는 본성에 바탕을 두고, 삶의 기본 원칙을 중시할 때 리더가 탄생하는 것이다.

원만한 대인관계, 호탕한 성격, 대중적 이미지, 겉으로 드러나는 태도와 행동, 다양한 화술, 적극적인 사고방식보다 더 중요한 것은 정직, 배려, 절제, 겸손, 성실, 언행일치, 존중, 정의, 인내, 황금률이며 또한 이것을 온몸으로 알고 있는 것이다.

따라서 자신이 인생이라는 학교에서 배우는 학생임을 알아차리면, 세상의 모든 사람은 나의 스승이 된다. 이미 완전하고 온전하기에 명료하게 기다릴 줄 알고, 아무것도 방어하려 하지 않을 때 오직 감사만이 남게 된다. 이렇게 깨어있으면 감히 누구에게 함부로 가르치려 하지 않게 된다.

03

나를 믿어야
대상이 바뀐다

　어웨이크너가 되기 위한 확신 중 첫 단계는 '자기 자신을 믿는 일'이라고 할 수 있다. 이것은 단순히 '소중한 나의 존재를 믿어야 한다'는 실존주의적 신념에 대한 것이 아니다. 믿음은 구체적인 현실을 변화시키는 계기가 된다. 하지만 이 단계에서 당신은 우선 인식의 저항을 느낄 수 있다. 흔히 '믿는다'라는 말은 대상의 참과 거짓을 따지거나 혹은 신뢰의 정도를 나타낼 때 사용한다. 이것은 대상물의 '변화'와는 아무런 관련 없이 쓰인다. 그러나 믿음 그 자체가 곧 대상을 변화시키는 역동적인 에너지이다. 이는 현대 양자물리학이 발견해낸 놀라운 성과 가운데 하나인 '관찰자 효과'에 근거하는데, 특정한 관찰자가 개입하기 시작하면 대상물도 그 성질을 달리 한다는 이야기이다. 이를 증명하기 위해 이스라엘의 와이즈만 과학원은 이중슬릿실험(double－slit experiment)을 실시했고 다음과 같은 결론을 내렸다. "파동으로 존재하는 미립자가 누군가 의도를 가지고 바라보는 순간 입자로 변하게 된다."

누군가가 정신적 의도, 마음의 의지를 갖는 순간 그것은 현실에 직접적인 영향력을 가하게 된다. 변화와 혁신의 삶을 살아가고 싶다면, 일단 자신을 믿어야 한다. 그래야 변할 수 있기 때문이다.

믿음은 놀라운 결과를 만든다

샌프란시스코 베이 지역의 한 학교에서 이색적인 테스트가 진행되었다. 교장선생님이 세 명의 교사를 불러서 이렇게 말했다. "여러분은 우리 학교에서 가장 우수한 교사로 선발되었습니다. 따라서 여러분께는 지난 학기 말에 실시한 지능지수 검사에서 아이큐가 가장 높은 것으로 드러난 30명의 학생들을 각각 배정할 예정입니다. 선생님들께서는 이 학생들을 1년 동안 맡아 가르치게 될 것이고, 전문가의 추측에 의하면 이 학생들의 해당연도 학업성적은 평균보다 20~30% 이상 뛰어오를 것입니다."

여기에는 두 가지 전제가 있었다. 30명의 학생들은 물론이거니와 그들의 부모들에게도 이런 사실을 말하지 말라는 것이었다. 또한, 아이들을 가르치는 방식 역시 예전과 동일해야 한다는 것이었다.

교사들은 모두 너무도 좋아서 흥분 상태로 교장실을 나선 뒤 그날부터 열심히 아이들을 가르쳤다. 드디어 학기가 끝나고, 전문가들의 예상대로 세 개의 학급은 그 지역에서 가장 뛰어난 학습 성과를 올렸다. 교장은 다시 그 세 교사를 불러서 이렇게 말했다. "굉장한 한 해였죠?"

교사들 역시 뛰어난 학생들과 자신들의 열정이 만들어낸 놀라운 결과임을 인정했다. 교사들은 이렇게 이야기했다. "네, 대단했습니다. 정말 똑똑하고 향학열이 강한 아이들이었죠."

잠시 침묵이 흐르고 교장은 '진실'을 털어 놓았다. "솔직히 말씀드리면 지난 1년간은 실험이었습니다. 지난 학기 말에 90명 학생들을 무작위로 뽑아 선생님들 반에 배정한 것뿐이에요. 우린 그 학생들의 아이큐도 모릅니다. 그런데 선생님들은 어떻게 이렇게 잘할 수 있었죠?"

교사들은 서로의 얼굴을 쳐다보다가 이렇게 말했다. "그건 당연한 결과가 아닐까요? 저희들은 이 학교에서 가장 우수한 교사가 아닙니까?"

그러자 교장이 다시 이야기했다. "한 가지 더 말씀드릴 사실은 작년에 우리 학교 선생님들의 이름을 쪽지에 적어, 그걸 모자에 넣고 섞어서 세 장을 뽑았는데, 그분들이 바로 선생님들이었습니다."

이 실험은 '더블 블라인드(double blind) 실험'이라 불린다. 학생과 교사들을 움직인 것은 바로 자신과 상대방에 대한 믿음이었다. 자기 반의 아이들을 '훌륭한 학생'이라고 확신했고, 스스로도 '탁월한 교사'임을 확신했다. 학생들 역시 마찬가지였다. 최고의 선생님께서 나를 가르쳐주니 나 역시 발전할 수 있으리라 생각했다.

실력 차이의 결정적인 이유, 확신

사실 그들 사이에 '실체'라고 불릴 만한 것은 아무 것도 없었다. 학생들도 IQ가 뛰어난 것이 아니었고 선생들도 탁월하지는 않았다. 그저 무작위로 모아놓은 것에 불과했기 때문이다. 하지만 그들 사이에 '당신들은 우수하다'는 확신을 불어넣자, 그 결과는 놀라웠다. 눈에 보이지 않던 지적 능력이 이끌려져 나왔고, 숨어있었던 잠재능력이 발현되었다. 믿으면 나타나고, 믿지 않으면 사라진다는 것. 이는 참으로 신비한 과정이 아닐 수 없다. 양자물리학의 '관찰자 효과'와도 정확하게 일치한다. 당신이 특정한 의도를 가지고 보는 순간, 당신과 상대방은 특별한 존재로 변하게 된다.

심리학자 맥퍼슨(Macpherson)은 악기 연습을 시작한 어린이 157명을 추적 조사했다. 실력 차이가 많이 나게 되는 결정적인 이유를 알아보기 위해서였다. 연습량은 동일했지만 9개월이 지나기 시작하자 아이들 사이에서는 서서히 실력 차이가 나타나기 시작했다. 맥퍼슨은 아이들에게 "언제까지 악기 연주를 할 생각이지?"라고 물었다. 대답은 제각각이었다. "저는 1년 정도만 할 거예요.", "고등학교 졸업할 때까지만요.", "전 평생 할 생각이에요."

이 세 부류에서 가장 뛰어난 실력을 가진 아이들은 '평생 할 것'이라고 대답했던 아이들이었다. 심지어 연습시간을 줄여도 이들의 실력은 줄어들지 않았다. 맥퍼슨은 이렇게 결론 내렸다. '평생을 하겠다는 아이들은 스스로를 음악가로 바라보고 있었다. 그리고 이렇게 자신을 어떻게 바라보느냐가 이들의 실력 차이를 벌린 결정적인 이유였다.'

당신은 스스로를 어떻게 바라보는가? 당신의 미래는 당신이 확신하는 만큼 변하기 마련이다. '그냥 이렇게 살래'라고 마음먹으면 '그냥 이렇게' 살게 되고, '나는 지금보다 훨씬 더 크고 위대한 인물이 될 거야'라고 마음먹으면 정말 '크고 위대하게' 변하게 된다. 당신은 스스로를 믿는 만큼 변화하는 존재이다. '믿는다'는 말은 '변화한다'는 말과 동의어다.

04

'문제'를 찾지 말고
'원하는 상태'를
먼저 명확히 하라

혹시 이런 의문을 가져본 적이 있는가? 왜 그 사람은 하는 일이 술술 잘 풀리며, 인간관계도 좋고, 몸과 마음도 건강하게 신나는 인생을 사는가를. 왜 그는 돈도 잘 벌고, 직업도 좋고 훨씬 성공적인 인생을 사는지. 이 의문은 인류 역사를 통해 오랫동안 다루어진 화두 중 하나이다. 그리고 21세기인 지금은 그 어느 때보다 이 의문에 대한 자료가 풍부해져, 이제는 동쪽에서 뜬 해가 반드시 서쪽으로 진다는 사실을 알 수 있듯 누가 성취하고 누가 실패하며, 어떻게 하면 행복하고 어떻게 하면 행복에서 멀어지는지 미리 확실하게 알 수 있게 되었다. 따라서 이제 우리는 바라왔던 것보다 훨씬 빨리 성취를 할 수 있다.

그 비밀 중 하나는 바로, 세상의 모든 일은 이너게임(Inner Game) 즉 마음의 게임이라는 것이다. 보통 사람들은 생각한다. '타고난 재능이 있어야 해', '성공하려면 머리가 좋아야 해', '성실해야 해', '좋은 학교를 나와야 해', '인물이 좋아야 해', '배경이 좋아야 해' 또는 '운이 좋아야 해'. 하지만 이 항목들을 신중히 검토해 본 결과, 이런 것들은 전혀 관계가 없다는 것이 밝혀지고 있다. 타고난 재능, 지능, 학력, 배경, 외모, 운이 행복과 성장을 결정짓지 않는다. 물론 도움이 될 때도 있겠지만, 직접적인 성공 요인은 아니라는 것이다.

세계적인 심리학 저널에 실린 앤더슨 에릭슨(Anderson Ericsson)과 그의 동료 2명의 연구인 「재능 논쟁의 사례A」에서는 재능, 집안, 배경, 성격, 교우관계, 심리·정서 상태… 그 어떤 요인도 탁월함을 발휘하는 조건이 되지 않는다고 발표했다. 캐나다 맥길대학의 신경과학자 다니엘 레비틴(Daniel Levitin)도 연구를 거듭할수록 타고난 재능, 집안, 환경, 운 등은 탁월한 성과에 영향을 미치는 요소가 아니라면서 작곡가, 야구 선수, 소설가, 스케이트 선수, 피아니스트, 체스 선수 심지어 숙달된 범죄자와 그 밖 대부분의 분야에서 비슷한 결과가 나온다고 보고하고 있다.

NLP 연구자의 탄생, 그리고 이들이 연구한 인생의 성공요인

그렇다면 우리 삶에서의 성취에 영향을 미치는 것은 무엇일까? 우리 행복에 영향을 미치는 것은 무엇일까? 왜 그는 잘하고 나는 못할까? 왜 그는 행복해 보이는데, 나는 행운이 따라주지 않는 것일까? 신경언어프로그래밍(NLP: Neuro-Linguistic Programming) 연구자들은 이 질문에 대한 해답을 찾는 것으로 시작한다.

신경언어프로그래밍(NLP)은 인간의 우수성(Human Excellence)을 창출하는 기술에 대한 연구다. 성공적으로 문제를 해결해 우수한 성과를 얻으며 행복하게 사는 비결이 무엇이고, 무엇이 인간의 삶을 서로 다르게 만드는 것인가? 탁월한 성취를 어떻게 이룩할 수 있으며, 혁신적인 변화를 어떻게 만들어 낼 수 있는가? 만약 그런 법칙이 존재한다면 그 법칙을 쉽게 습득하는 방법은 무엇이며, 보다 빠르고 철저한 변화를 끌어내는 방법은 무엇인가? NLP는 이와 같은 질문을 화두로 하는 연구 분야이다.

NLP는 1970년 중반에 정보 전문가인 밴들러(R. Bandler)와 캘리포니아대학의 언어학 교수인 그린더(J. Grinder)에 의해 개발되었다. 밴들러와 그린더는 삶의 여러 분야에서 탁월한 업적을 남기는 사람들의 특징이 무엇인지 찾기 위해 집중적으로 연구했다. 특히 탁월성 발휘에 있어 이너 게임(Inner Game) 즉 마음을 포함한 자신의 내부 세계를 어떻게 다루는지, 나아가 자신의 뇌를 어떻게 사용하고 있는지를 발견하는 것에 주력했다. 일차적인 연구와 벤치마킹 대상은 게슈탈트 치료의 창시자인 프릿츠 펄스(F.pel's), 가족치료로 유명한 버지니아 세티어(V. Satiar), 그리고 정신과 의사이자 최면요법의 대가인 밀튼 에릭슨(M. Erickson)이었다. 이 세 사람은 당대 최고의 성과로 세계적인 명성을 날리던 전문가들로서 수많은 사람들의 삶이 변화할 수 있도록 도와주는 것으로 유명했다. 이 탁월한 전문가들은 인간의 마음을 다룸에 있어 서로 다른 방법으로 접근했으나, 탁월한 성취의 이면에는 탁월함과 관련된 기본적인 생각이나 느낌·신념 또는 행동의 공통된 패턴이 있고 놀랍게도 그들이 공히 그 패턴을 활용하고 있었다.

밴들러와 그린더는 이들이 활용하는 패턴을 분류하고 정리해 인간의 탁월성 개발의 모델로 삼았다. 각 분야의 우수한 사람들은 무엇을 보고, 무엇을 듣고, 어떻게 생각하고, 어떻게 느끼는가? 그들이 탁월함을 발휘할 때 가지는 생각·느낌·감각을 하나하나 나누고, 분리하고, 쪼갠 후 그 각각의 단계를 세분화하고 분석·분류해 일정한 패턴을 도출했다. 그리고 이를 다른 이들에게 적용하고 반복 훈련해 그들도 탁월함을 발휘할 수 있도록 한 것이다. 이것이 NLP의 탄생이다. 예를 들면, 한때 유럽에서는 스키를 잘타는 사람은 타고난 재능을 가졌다고 믿었다. 하지만 시간이 지나고 연구가 계속되면서 탁월한 스키선수들의 모습을 관찰한 결과 어떤 공통된 패턴이 있음을 알게 되었고, 다른 선수들이 그 패턴을 익힐 수 있는 훈련을 통해 누구나 탁월한 성과를 낼 수 있음을 확인했다. NLP에서는 이것을 모델링(modeling)이라고 부른다. 우리 인간의 뇌와 감각기관은 마치 소프트웨어와 같기 때문에 어느 누구에게 작용한 것이라면 다른 누구에게도 적용된다는 것을 알게 된 것이다.

NLP가 만들어지고 알려진 1975년 이래, 많은 심리전문가들은 NLP의 탁월한 효과를 경험하고 있다. 1983년 「타임」지는 NLP를 '사람의 갈등을 해결하는 데 무한한 가능성을 가지고 있는 기법'이라고 논평했다. 과학 「다이제스트(Science Digest)」지는 1960년 이래에 일어난 모든 인간 커뮤니케이션을 종합한 가장 소중한 지식'이라 논평했다. 세계적인 동기부여가 노만 빈센트 펄(Norman Vincent Perl)은 'NLP는 심리치료, 자기계발, 스포츠, 조직개발, 교육, 행정관리 등 여러 분야에 세계적으로 활용되고 있는 모델이다. NLP는 어떻게 성공적으로 성취할 수 있는가를 연구하기 때문에 여러 가지 다른 상황에서 성공기법으로서 응용할 수 있다. 구체적이고 간단한 경험으로 시험해 볼 수 있다.'라고 하며 사람의 행동과 생각을 재프로그래밍하는 독특하고 새로운 방법이라고 언급했다.

실제 NLP는 사람이 원하는 경험을 선택할 수 있게 하고, 어려운 마음의 상태에서 단번에 벗어날 수 있게 하고, 삶에서 경험하는 타인 간의 갈등이나 내적 갈등을 단번에 전환시킬 수 있는 도구이다. 자신감과 자존감을 높이는 데 도움이 되며 목표를 성취할 가능성을 높이고 달성 기한을 단축시켜준다. 사람이 어떻게 사고와 감정을 유발해 행동하고, 또 이를 어떻게 유지하고 지속시키는가에 대한 깊고 넓은 연구와 실증을 통해 인간의 가능성을 극대화시킨다. 또한 인간의 기억이나 경험이라는 것이 무엇이며, 어떻게 활용되는지 그 프로세스와 방법을 이해하고 자신의 삶에 적극적으로 활용할 수 있게 한다.

삶을 살아가는 데 문제는 어떻게 발생하고, 한계는 어떻게 느끼며 결과를 다르게 만드는 것은 무엇인가? 여러 분야에서 성취를 극대화시키는 탁월한 성취가들은 어떤 삶의 패턴을 가지고 살아가는가? 그들은 어떻게 생각하고, 느끼고, 행동하기에 남다른 것인가? 이는 NLP. 최고의 테마다.

결과 위주로 생각하고 말하는 심리적 기술

NLP는 인간이 하는 일에 탁월한 성과를 거두고 삶을 성공적으로 만족하도록 이끄는 새로운 심리적 기술(Psychological Technology)이다.

우리는 어떤 어려운 일을 당했을 때 "걱정하지 마."라는 말을 자주하고, 듣기도 한다. 또 "그런 일은 다시는 생각하지 마."라고 위로할 때가 많다. 하지만 걱정은 끊임없이 올라온다. 걱정되고 문제가 되는 것을 어떻게 생각하지 않을 수 있을까? 생각하지 않기 위해서 우리 뇌는 무엇을 할까? 신경과학자들의 발견은, 생각하지 않기 위해서는 생각을 하게 된다는 것이다. 즉 사람의 뇌는 부정적으로 구사되는 언어를 잘 이해할 수 없다는 의미이다.

교사나 부모 또는 상사는 "~하지 마."라는 말로 교육하는데 이것은 뇌의 기능상 뇌가 하고 싶지 않은 것, 할 수 없는 것을 강요하는 것이므로 교육이 아니며 학습도 될 수 없다. 예를 들어, "더 이상 생각하지 말자."의 경우 다짐하는 과정에서 다시 생각함으로써 뇌를 압박하는 이중부담을 가하는 것으로, 해결을 위한 좋은 방법이 될 수 없는 것이다.

NLP에서는 성공과 성취의 장애물인 갈등과 고통을 극복할 접근방법은 인정하지 않는다. 다만 원하는 결과 위주(outcome oriented)로 이루어져 있다. 문제가 무엇이냐가 아니라 '원하는 것이 무엇인가'를 중요시하며, 원하는 것을 얻기 위해서는 인식 수준의 논리와 합리성을 추구하는 수준에 머무는 것이 아니라, 보다 직관과 통찰이 가능한 심리적 상태(state of mind)에 머물 것을 강조한다. 에릭슨(Erickson)에 따르면 인간의 감정과 느낌은 복잡하고 미묘해 사람의 의식이 다루기에는 너무 벅차 무의식의 협조를 구하는 가교의 형성이 요구된다. 이 마음의 상태를 인트로버전(intro-verson)이라 부른다. 이는 내면을 향한 주의집중(inward focus attention)을 의미한다.

사람이 경험하는 느낌이나 생각, 활동은 신경 작용과 뇌의 유기적 프로그래밍 기능에 의해서 일어나고 따라서 발생하는 신체 생리적 체험으로 직감하게 되어 정서가 개입되며, 언어를 활용해 그 변화를 표현하게 된다. 따라서 치료나 변화를 유도하는 기법은 인간 경험의 근본 구조적 측면에서 총체적으로 다루어져야 한다. 이로써 인간으로 작용하는 감각(Sensory system) 기능의 5개의 축(시·청·촉·미·후), 뇌의 정보처리 방법, 심리 생리적 연동성, 언어의 역할과 의미, 주관적 경험의 구조, 여과체 등 인간 본질을 통합적으로 다루게 된다.

Neuro= Linguistic Programming의 어원상 의미는 다음과 같이 정리할 수 있다.

- Neuro: 인간경험을 만들어내는 5관의 신경화학적 작용
- Linguistic: 학습된 언어로 신경화학적 반응을 자극
- Programming: 선택 증대를 위한 언어적·비언어적 경험을 구조화 또는 재구조화함으로써 조직·정리하는 과정

05

내면의 힘을
꺼내는 주문,
긍정적 확신선언

우리는 창조자다. 우리가 가진 오감(五感)은 바로 창조를 위한 도구이다. 특히 그중에서도 소리의 힘은 막강하다. 무엇인가를 부르면, 무엇인가가 나타나기 시작한다. 어웨이크너가 되기 위해 내면에 있는 힘을 불러내는 주문은 바로 '긍정적인 확신선언(self-affirmation)'이다. '나는 최고야', '나는 이길 수 있어'라는 혼잣말은 최고의 나를 불러내는 주문이며, '나는 내가 좋다'라는 말은 긍정적인 자아를 불러내는 주문이다. 반대로 부정적인 자기 확신선언은 부정적인 자신을 불러내는 주문이 된다. 어느 정신병원에 입원한 환자들을 대상으로 조사한 결과, 그들의 75%는 늘 부정적인 확신선언을 하고 있는 것으로 나타났다.

'난 최고의 선수다'라는 외침

사람이 내는 소리는 쉽사리 사라질 수 있는 생각에 말뚝을 박아 현실에 안착시키는 과정이며, 흔들리는 마음을 그물로 낚아 손아귀에 움켜쥐는 일이다. 그저 마음속에 생각을 품고 있는 것과 그 생각을 '소리 내어' 말하는 것은 그 에너지가 본질적으로 다르다. 그중에서도 특히 자기 자신을 향한 긍정적 확신선언은 내면의 힘을 공고히 하고 그것이 현실이 될 가능성을 더욱 높인다. 이는 '내가 과연 할 수 있을까?'라는 흔들림을 부수고 '할 수 있다!'는 강력한 에너지를 준다. 자신의 한계를 뛰어 넘어 놀라운 성과를 이루어냈던 사람들은 바로 이런 확신선언을 통해 강한 자기추진력을 얻어왔다.

1964년 2월, 캐시우스 클레이라는 한 무명의 권투선수가 세계 헤비급 챔피언인 소니 리스튼과 링에서 맞섰다. 링에 오르기 전 그는 기자들에게 경기의 전망에 대해 질문을 받았다.

'나비처럼 날아서 벌처럼 쏠 것이다. 나는 최고다.' 그가 한 대답은 자신감 있는 말이기는 했지만, 누가 보기에도 경기는 노련한 리스튼의 우세가 점쳐지고 있었다. 그러나 결과는 예상 밖이었다. 캐시우스는 놀랍게도 8라운드에서 상대방을 KO시키고 말았다. 다음 날 신문의 헤드라인에는 캐시우스가 늘 했던 말이 그대로 적혀 있었다. '나는 최고의 선수다!'

이 선수가 바로 훗날 '전설의 복서'로 불리던 무하마드 알리였다. 사실 그는 평소 '떠벌이 알리'로 통했다. 늘 '나는 최고다'라는 말을 외치고 다녔기 때문이다. 그는 긍정적 확신선언을 통해 자신의 능력을 극대화시킨 가장 대표적인 사례라고 할 수 있다.

사실 누구나 자신이 겪은 일, 혹은 앞으로 겪을 일에 대해서 자기 자신에게 설명하는 방식이 있다. 이는 남들은 거의 알지 못하는 자기와의 대화이기도 하다. 그런데 그것을 늘 긍정적으로 설명하는 사람이 있고, 한편으로는 늘 비관적으로 설명하는 사람이 있다. 긍정적으로 설명하는 사람은 문제의 잘못을 외부에서 발견하고 그것을 일시적이고 부분적인 문제라고 생각하며 상황을 극복해 나간다. 반면 늘 부정적인 방식으로 설명하는 사람은 그 문제의 원인이 언제나 자기 자신에게 있으며 더불어 그것은 개선의 여지가 없이 지속될 것이라고 설명한다. 이 둘 중 어떤 사람이 더 자신감을 가지고 있으며, 또 어떤 사람이 성공적인 삶을 살지 예상하는 것은 그리 어렵지 않다.

'떠벌이 알리'가 했던 긍정적 확신선언은 바로 이런 설명 방식이 최고조에 달한 것이라고 할 수 있다. 또한 이는 귀로 들리고 마음을 울리는 '소리'라는 물리적 형태로 나타나기 때문에 그것이 가진 힘이 더욱 강화되는 것이다.

27세의 최연소 나이로 백만장자의 꿈을 이룬 성공학 전문가 폴 마이어는 하루도 빠지지 않고 "나는 백만장자가 된다!"고 소리쳤다. 그리고 그는 이렇게 말했다. "생생하게 상상하십시오. 간절하게 소망하십시오. 그리고 진정으로 믿으십시오. 그것을 열정적으로 실천하십시오. 그러면 무엇이든지 반드시 이루어질 겁니다."

이 과정에서 무엇보다 중요한 것은 소리 내어 말로 하는 것이고, 이를 통해 자신의 가슴 깊숙한 곳에 그 소리를 찔러 넣는 것이다.

이런 긍정적인 확신선언은 또한 부정적인 생각, 의심, 두려움을 마음 밖으로 몰아내는 힘을 가지고 있다. 그것은 마치 물이 가득 차 있는 그릇에 돌을 넣는 것과 비슷하다. 돌이 들어가면, 그 질량만큼 똑같은 물이 밖으로 흘러넘쳐 사라진다. 계속해서 돌을 넣으면 그릇에는 물이 조금밖에 남아있지 않게 된다. 이렇듯, 긍정적 확신선언은 우리 마음에 있던 기존의 부정적인 모든 것들을 조금씩 외부로 배출시키고 그것들이 더 이상 들어올 수 있는 여지를 차단하게 한다. 힘차게 외치는 확신선언은 내적 갈등의 종지부이다.

날개가 묶인 새가 하늘로 날기 위해서는 그 끈이 끊어져야 하고, 우리에 갇힌 사자는 우리의 문이 마침내 열려야 초원을 향해 질주할 수 있다. 자신을 향한 강한 긍정적 확신선언은 바로 묶인 끈을 끊게 하고 감옥의 문을 열어준다. '나는 최고다', '나는 할 수 있다', '나는 나를 사랑한다'라는 확신선언을 외치다보면, 어느 순간 이 외침들이 완전한 나의 태도와 습관이 되어 당신을 지금과는 완전히 다른 사람으로 바꾸어 놓을 것이다.

06

긍정적 확신선언의
방법은 무엇인가

긍정적 확신선언은 본인의 내면을 되짚어 보는 것에서 시작되어야한다. 자신의 환경에 적절한 목표·계획을 잡아야 하고, 또한 자신의개성도 반영되어야 하기 때문이다. 다른 사람들을 따라한다고 해서 그것이 그대로 적용되지 않는다는 점도 염두에 두어야 한다. 확신선언은자신의 목표와 개인적 가치관에 부합되어야만 마음과 행동을 진정 바꿀 수 있는 힘으로 작동한다.

참과 거짓을 구별하지 못하는 무의식

긍정적 확신선언이 작동하는 원리를 아는 것은 그것을 제대로 만들기 위한 노하우에 도움이 될 것이다. 우선 인간의 정신세계는 의식과무의식으로 구분된다. 무의식이 거의 대부분을 차지하며, 의식은 마치'빙산의 일각'처럼 극히 일부만 드러날 뿐이다. 당연히 보다 근원적이고강한 에너지를 가지고 있는 것은 무의식이라고 할 수 있다. 무의식은

06 긍정적 확신선언의 방법은 무엇인가

'참과 거짓'을 구분하지 못하는 특징을 가지고 있다. 마치 어른들이 참이라고 말하면 참이라고 믿고, 거짓이라고 말하면 거짓이라고 믿는 어린아이와 같은 상태이다. 우리가 긍정적 확신선언을 하는 의도는 바로 참과 거짓을 구분하지 못하는 무의식에 영향을 주기 위한 것이다. 스스로 강력하게 주문을 외우면 무의식은 그것을 참으로 여기고 주문을 실행해내기 위해 작동을 시작한다. 이 움직임은 스스로 느끼지 못할 정도이지만 인간의 행동 전반에 걸쳐서 이루어진다. 사소한 습관, 자세와 태도, 세상을 보는 프레임에 서서히 간섭하기 시작하면서 최종적으로 현실을 살아가는 모습 자체를 바꾸어버린다.

우리는 일반적으로 의식의 힘이 강하다고 생각하지만, 사실 의식은 꽤 허약한 체질을 가지고 있다. 이런 생각이 들었다가 또 다음에는 다른 생각이 들고, 한번은 이런 감성에 젖었다가도 어느덧 다른 감성에 빠져든다. 마치 바람에 날리는 갈대와도 같다. 그러나 무의식은 다르다. 보이지 않은 내면의 심층에 존재하기 때문에 순간순간 변하지 않을 뿐더러 한번 변하기 시작하면 그 힘은 의식의 근원마저 바꿀 정도이다. 바로 이 힘을 이용하기 위한 수단이 바로 긍정적 확신선언이다.

올바른 선언을 위한 3P

3P란?	
개인적(Personal) 선언	1인칭시점에서 내가 원하는 것을 말하라
긍정적(Positive) 선언	부정적인 느낌을 배제하고 긍정적 선언을 하라
현재시제(Present) 선언	그것이 이미 이루어지고 있는 것처럼 말하라

이를 올바르게 만들기 위해서는 3P가 필요하다. 첫 번째는 '개인적(Personal)인 선언'이다. 즉, 1인칭시점에서 내가 원하는 것을 말해야 한다는 점이다. 예를 들어 '그녀가 나를 사랑해주면 좋겠어'라는 것은 나

의 1인칭시점이 아닌 '그녀'라는 3인칭 시점이다. '우리 아들이 좋은 대학에 가면 좋겠어', '내 아내가 변했으면 좋겠어' 역시 모두 마찬가지다. 이런 선언은 1인칭인 '나'의 무의식에 아무런 영향도 미치지 못한다. 내가 주도적으로 할 수 없다면 그것은 나의 목표가 아니고, 무의식은 그 말을 들을 필요가 없다.

두 번째는 '긍정적인(Positive)인 선언'이다. 이는 부정적인 모든 단어·느낌을 완전히 배제하는 것을 의미한다. 예를 들어 '담배를 끊겠다'라는 표현은 긍정적인 것이 아니다. 우선 '담배'라고 하는 원치 않는 대상이 언급되기 때문에 무의식은 이것에서 벗어나지 못하게 된다. 따라서 '아침마다 상쾌하게 일어나고 싶다', '중단 없이 업무에 집중하고 싶다'는 식으로 바꾸어야 한다. '아내와 덜 싸우고 싶다'는 것 역시 마찬가지다. 이 선언을 하는 순간 이미 '부부싸움'이 무의식에서 작동한다. 따라서 '부부싸움을 덜 하고 싶다'가 아니라 '아내와 더 행복한 시간을 가지고 싶다'고 선언해야 한다.

마지막 세 번째는 '현재시제(Present)의 선언'이다. 소망을 이야기할 때는 그것이 이미 그대로 이루어지고 있는 것처럼 말해야 한다. 예를 들어 '근사한 새 일자리를 얻게 될 거야'라고 말하기 보다는 '지금 근사한 새 일자리가 있어'라고 단호히 말하는 게 더 효과적이다. '나는 중국어 회화를 마스터할 거야'가 아니라 '나는 중국어를 마스터했어'처럼 현재형으로 선언해야 한다. '나는 매일매일 운동할 것이다' 역시 '나는 30분씩 매일 운동하고 있다'라고 하자. '나는 지금 중국어를 마스터하지 못했고 운동도 하고 있지 않은데, 그렇게 말해도 되나?'라고 의심할 필요는 없다. 스스로를 속이라는 의미가 아니라 무의식에 영향을 주자는 의도이기 때문이다.

중요한 것은 한 번 정해진 긍정적 확신선언은 끝까지 밀고 나가야 한다는 점이다. 스스로 그것에 대한 의심이 완전히 사라질 때까지 결정적이면서도 단호하게, 그리고 그 어떤 의심이 나타나더라도 밀리지 않아야 한다. 이는 자신과의 싸움이다. 위대한 어웨이크너는 자신을 정복한 사람이다. 또한, 꾸준함은 어웨이크너의 또 다른 이름이다. 그렇게 되면 이것은 하나의 완전한 심리·정신적 습관이 되어 당신의 생각에 고착되고 '변하지 않는 사실'로 확정된다. 이제 어떤 확신선언을 할지 생각해보자. 가장 간절하고 가장 하고 싶은 것, 그것을 정해 오늘부터 단호하게 선언하는 생활을 해보자.

07

확신하라,
당신이 원하는 모든 것을
가진 것처럼

무엇인가 얻기를 원하는가. 그렇다면 이미 얻은 것처럼 생각하라. NLP(Neuro-Linguistic Programming)에서는 이를 'AS-IF' 모델이라고 말한다. 하지만 이 말이 그다지 합리적으로 보이지 않는 사람도 있을 것이다. 가지고 있지도 않은 것을 가지고 있다고 생각하는 행위는 자기기만으로 보일지 모르나, 이는 우리의 잠재의식을 활용하는 방법이다. 오감을 총동원해 생생하게 구체적으로 상상하며 그것의 인상을 시각적으로 보면, 무의식은 그것을 명령으로 받아들인다. 이런 과정은 거대한 자신의 무의식을 강력하게 통제하는 방법이며, 이를 통해 자신이 걸어가고 싶은 길로 내달리는 추진력을 얻게 된다. 결국 자신을 망치는 사람은 자신이며, 변화시키는 것도 자기 자신이다. 그 누구도 당신을 망치게 하거나 변화시킬 수는 없다. 지나온 시간을 돌아보라. 모든 것은 오로지 당신의 힘으로 이루어졌을 뿐이다.

멋진 사람이 될 수 있는 확신법

육상 선수들은 무려 100년이 넘는 세월 동안, 1,600m를 4분 내에 주파하는 것이 꿈이었다. 하지만 1920년대부터 1950년대 초까지는 수많은 사람들이 그 꿈을 불가능하다고 여겼다. 당시 과학계와 스포츠 의학계에서는 인간의 육체적 한계 때문에 그런 기록을 도저히 깰 수 없다고 생각했다. 그런데 1954년 5월 6일, 영국의 옥스퍼드에서 마침내 그 기록이 깨졌다. 로저 배니스터라는 젊은 의대생이 1,600m 달리기에서 3분 59.4초라는 신기록을 세운 것이다. 그는 불가능의 장벽을 깨기 위해서 신체훈련만 한 것이 아니라 마음속으로 꾸준히 상상을 반복했다고 한다. 그는 4분의 장벽을 깨는 모습을 너무나 강렬한 감정으로 수없이 반복해서 느끼고 나중에는 그것을 머릿속에서 생생한 그림으로 만들었다. 강력한 상상으로 자신의 신경계통에 그런 기록을 만들어 내도록 명령을 내린 것이다. 로저가 기록을 깬 후 한 달이 채 되지 않아 호주 대표선수가 그 기록을 경신했으며 1년 내에 37명의 다른 육상선수들이 그의 기록을 깼다. 2년 후에는 300여 명의 선수들이 같은 기록을 세웠다. 그가 해낸 기록이 다른 선수들에게 근거를 제공해, 그들 역시 불가능이라고 믿었던 기록을 깰 수 있다는 확신을 심어준 것이다.

우리는 의식적으로 끊임없이 각오를 다지고 의지를 세운다. 하지만 중요한 것은 나의 무의식, 나의 잠재의식까지 완전히 믿어야 그것이 가능해진다는 것이다. 의식적으로는 '파이팅'을 외치지만 저 안의 잠재의식, 무의식이 믿지 않는다면 변화는 불가능하다. 중요한 것은 잠재의식까지 완벽하게 한 방향으로 정렬되어야 한다는 것이 핵심이다.

어쩌면 로저는 세계신기록이 아니라 수많은 선수들의 무의식을 깨버린 것인지도 모른다. 모두들 두려워하면서도 지우지 못했던 부정적 의식. 그것이 깨지자 새로운 역사가 쓰여지기 시작했다.

인기 절정의 여배우 줄리아 로버츠가 한번은 오프라 윈프리 쇼에 나온 적이 있었다. 그때 방청석에 있던 한 여성이 질문했다. "당신은 정말 멋집니다. 어떻게 하면 제가 당신처럼 당당하고 멋있는 여성이 될 수 있을까요?"

그랬더니 줄리아 로버츠는 이렇게 대답했다. "저도 처음에 데뷔했을 땐 두렵고 떨렸습니다. 그러나 저는 자신을 믿기 시작했습니다. 주위에 아무도 없을 때에도 제 자신이 멋지고 당당한 여성이라고 상상하면서 걷고 말했습니다. 그리고 미소를 지을 때 마치 당당한 여성인 것처럼 했더니 어느새 저는 그런 여성이 돼 있었습니다."

이미 다 이룬 것처럼 살아라

의식과 무의식의 세계는 서로 다른 기능을 갖고 있으면서 서로 완벽하게 협력하며 일한다. 앞서 언급했듯 의식이 차지하는 부분은 생각보다 적기 때문에 무의식이 우리 사고의 대부분을 차지한다. 그러니까 무의식이 의식을 지배하고 있다는 이야기다. 인간의 잠재능력을 깨운다는 것은 바로 이 무한한 힘을 가진 잠재의식을 밖으로 끄집어낸다는 의미이다. 그리고 한번 이것이 시작되면 자신이 원하고 바라던 것을 가질 수 있게 된다.

오스트리아에서 태어나 중학교 3학년 때 가족과 함께 미국으로 이민을 간 소년이 있었다. 그는 19살에 세계 육체미 선수권 대회에서 챔피언이 되었다. 인터뷰 중 기자가 그에게 꿈이 무엇이냐고 물어보았을 때, 그는 이렇게 이야기했다. "첫째, 영화배우가 되는 겁니다. 둘째, 케네디 가문의 여성과 결혼하는 겁니다. 그리고 셋째는 미국에서 가장 큰 주인 캘리포니아의 주지사가 되는 게 제 꿈입니다."

그의 꿈은 야무졌지만 그것을 믿는 사람은 별로 없었다. 하지만 소년의 꿈은 하나씩 이루어지기 시작했다. 영화배우가 되고, 케네디 가문의 여성과 결혼했으며, 캘리포니아의 주지사가 되었다. 그는 바로 아놀드슈왈츠 제네거이다. 그리고 그후 사람들은 "어떻게 당신은 원하는 걸 모두 이뤘습니까?"라고 질문했다. 그는 이렇게 대답했다. "원하는 걸 상상하면서 이미 다 이룬 것처럼 사는 겁니다."

우리의 뇌는 송/수신기능을 가진 안테나로서 '우주의 정보망'과 상호 교류하고 있다. 즉, 뇌는 우주의 전체 정보망에 접속하는 단말기인 셈이다. 그 정보망 안에는 우주에 대한 모든 정보가 있으며 우리는 그것에 접속해 다운로드할 수 있다. 인류가 알지 못했던 새로운 발견과 발명, 창조적인 지식행위는 곧 그 정보망에서 다운로드받은 것이다. 칼 융은 이런 정보망을 '집단지성(collective intelligent)', 브라이언 트레이시는 '슈퍼의식(Super Consciousness)'이라고 표현했다. 이런 우주심에 원활하게 접속하기 위해 바로 AS IF가 필요하다. 우주의 거대한 지식을 다운로드받기 위해서는 오감의 활성화가 전제되어야 한다. 오감이 활짝 열린 사람만이 육감이 열리기 때문이다. 직관, 통찰력은 석·박사학위를 받는다고 생기는 것이 아니라 자신의 오감을 활성화해 감각에 민감해졌을 때 생긴다. 어웨이크너는 오감의 활성화를 위해 고요함을 추구하고, 명상을 즐기며, 침묵을 통한 대화와 나눔의 짜릿함을 아는 존재다. 무의식의 문이 열릴 때 앎은 별처럼 쏟아진다. 깨달음이 단박에 오는 것이다. AS IF는 우주 정보망 접속을 위한 멋진 도구이다.

무의식이 마치 모든 것을 다 가진 것처럼 여기게 되면, 우주의 데이터가 나의 뇌로 들어오는 문이 활짝 열린다. 그러니 이제 당신이 해야 할 일은 자신이 되고 싶은 모습, 원하는 것을 설정하는 일이다. 그러면 잠재의식은 그에 맞게 데이터들을 불러올 것이며 당신의 물리적인 현실은 변화한다. 추호의 의심 없이 믿으면 당신의 상상은 현실이 된다. 확신에 따른 당신의 상상은 어쩌면 평행 현실로 이동하는 추동력일지도 모른다.

08

생생하게 이미지화하라,
마치 그것이 눈앞에 있는 것처럼

나를 나답게 만드는 것은 과거에 매달리지 않고 언제나 미래를 '상
상'하는 일이다. 일명 비주얼라이즈드 마인드(visualized mind), 혹은 이
미지 트레이닝(Image Training)이라고 불리는 이것은 어웨이크너가 스
스로 자신이 원하는 모습을 향해 전진해 나갈 수 있도록 도와주는 쾌
속선과 같은 것이다. 원하는 모습을 생생하게 떠올리면 어김없이 그 모
습으로 변한다. 이 방법은 인류가 이성을 갖기 시작한 직후부터, 첨단
IT기술이 세상을 바꾼 지금의 시점에도 여전히 변치 않는 보석 같은
진리이다. 믿기지 않을 수도 있겠지만, 수많은 현인(賢人)들이 수천 년
에 걸쳐 동일한 진리를 계속 반복해서 말하고 있다. 아리스토텔레스는
"어떤 덕목이 부족할 경우 그것을 키울 수 있는 최선의 방법은 그 덕목
이 필요할 때마다 이미 그것을 갖추고 있는 듯 상상하고 행동하는 것
이다"라고 말했고, 나폴레옹 보나파르트 역시 "상상이 세계를 지배한
다"고 말했다. 심지어 과학자인 알버트 아인슈타인조차도 "사실보다 상

상이 더 중요하다"고 설파했다. 생생한 이미지가 만들어내는 새로운 당신의 모습에 대해 의심할 필요는 없다. 의심이 시작되는 순간, 무의식에 의한 간섭이 시작되고 그것은 변화를 가로막는다. 그냥 떠올리고, 믿으면 된다. 그것이 전부다.

세계적 스타들이 했던 비주얼라이제이션

세계적인 축구스타 호나우딩요의 경기 스타일은 그 자체로 탄성을 자아낸다. 평론가들은 그의 경기를 '신기(神技)'라고 표현할 정도다. 한 기자가 그에게 '축구의 비결'을 물었을 때 그는 '이미지 트레이닝'이라고 답했다. 호나우딩요는 훈련을 하기 전에 볼을 어떻게 패스할 것인지 미리 머릿속으로 그려보는 것은 물론이고 골키퍼와 맞섰을 때를 최대한 상상했다. 특히 경기 전날에는 종일 이런 이미지 트레이닝을 한다고 했다. 무엇보다 그의 환상적인 드리블 역시 여기에 기인한다. 그는 자신이 패스하고자 하는 동료들의 장점을 속속들이 머릿속에 넣어 놓고 있으며 그들에게 어떤 발로 어떻게 패스할 것인지도 떠올린다고 했다.

1984년 LA올림픽에서 미국 선수로서는 처음으로 체조 개인종합우승의 영광을 차지한 체조 선수 메리 루 레턴 역시 마찬가지이다. 그녀는 '운동과 관련된 모든 것을 시각화하라'는 전문가의 조언을 받아들여 매일 눈을 감고 자신의 미래를 그렸다고 한다. 자신이 승리한 모습, 10점 만점이 기록된 점수판, 그리고 부모님들의 기쁜 얼굴…. 그녀는 이런 자신의 모습을 수천 번, 수만 번 거듭한 결과 자신이 생생하게 그렸던 모든 것을 이루어낼 수 있었다.

건국 이후 첫 올림픽 금메달은 1976년 몬트리올의 양정모, 그리고 두 번째 금메달은 1984년 LA올림픽에 출전한 유도 선수 하형주였다. 현재 동아대 체대 학장인 그는 국가대표 출신 첫 박사이자 첫 교수로도 유명하다. 하 교수 역시 비주얼라이제이션을 활용한 스타 중 한 명이다. 그는 1984년 8월 LA올림픽에 출전하기 전에 이미 보름 이상 허리 부상으로 병상에 누워있었다. 더구나 막상 출전한 올림픽 8강전에서는 어깨에도 부상을 입고 말았다. 독일 선수와 벌인 준결승전에서는 경기 내내 힘을 쓰지 못해 보는 이들의 안타까움을 자아냈기 때문에 대부분의 주변 사람들은 그의 금메달 획득에 대해 부정적인 생각을 가지고 있었다. 하지만 본인은 결코 포기하지 않으며 병상에 누워있으면서도 매일 경기하는 모습을 상상했고, 올림픽 기간 내내 이를 멈추지 않았다. 그의 이런 머릿속 게임은 결국 올림픽 금메달로 이어졌다. 훗날 하 교수는 당시 '오로지 유도 생각뿐이었다. 경기에서 이기는 꿈, 지는 꿈, 잘 때도 계속 경기하는 꿈을 꾸었다'고 회고하기도 했다. 유도의 이원희, 역도의 장미란 선수 역시 언제나 이런 비주얼라이제이션을 통해 스스로를 강하게 만들었다.

이미지는 창조의 힘을 가지고 있다. 우리가 희망하는 장면을 자유롭게 머릿속에 떠올려서 필요한 만큼 지속시키는 기법을 통해 원하는 것을 성취할 수 있다. 이것이 바로 '정신적 리허설', '이미지 트레이닝' 훈련의 위력이다. 이미 미래를 보았기 때문에 의혹과 불확실성이 사라지게 된다. 또한 미래에 성공적으로 대처하는 자신의 모습을 이미 마주한 만큼 두려움 역시 발붙일 곳이 없어진다. 부정적인 믿음은 제거되고 긍정적인 믿음만이 마음을 지배하는 것이다.

「다이제스트」의 기사에 따르면, 미국 고교 농구선수 한 팀을 3그룹으로 나누어 한 달 동안 실험했던 사례가 있다. A팀은 자유투 연습을 중지시켰고, B팀은 매일 한 시간씩 자유투를 연습시켰다. 그리고 C팀은 한 시간씩 머릿속에서 상상으로만 연습하게 했다. 한 달 후, 연습을 중지한 A팀의 자유투 성공률은 39%에서 37%로 2%줄어들었고, 한 시간씩 연습한 B팀은 39%에서 41%로 2%상승했지만, 머릿속으로 연습한 C팀은 39%에서 42.5%로 3.5%나 증가되었다. 상상과 이미지가 실제 현실을 변화시킨 것이다.

가슴을 뛰게 만드는 비전을 품어라

1958년 중국의 음악 기대주였던 류쉬쿤은 세계를 놀라게 했다. '차이코프스키 콩쿠르'에서 2등을 차지했기 때문이다. 하지만 중요한 것은 그가 6년간 정치적 이유로 감옥에 수감되었고 석방 직후에 대회에 참여했다는 점이다. 사실 그가 수감될 때만 해도 다시는 연주를 하지 못하리라 생각했다. 음악가에게 연습은 생명과도 같은 것인데, 그는 감옥에 수감되었고 수년간 연습을 하지 못할 테니 재기의 기회란 없을 것이라 생각했던 것이다. 그는 곧바로 연주회를 개최했다. 하지만 사람들은 그의 연주에 기대를 하지 않았다. 참석한 사람들은 그저 지난날의 인연 때문에, 혹은 예의상 참여했을 뿐이었다. 하지만 연주가 시작되고 이어질수록 사람들은 입을 다물 수 없었다. 그의 연주는 감옥에 들어가기 전보다 훨씬 더 훌륭해졌던 것이다. 드디어 그가 마지막 곡의 연주를 마치고 피아노 의자에서 일어서자 우레와 같은 박수와 앙코르의 함성이 울려 퍼졌다. 당시 한 취재 기자가 그에게 이렇게 물었다. "어떻게 이럴 수가 있나요? 당신은 지난 6년 동안 연주할 기회가 전혀 없었지 않습니까?"

그러자 류쉬쿤이 대답했다. "아니요, 저는 감방에서 피아노를 연주했습니다. 그것도 매일, 전에 연주했던 곡들을 한 곡도 빼놓지 않고 연습했습니다. 마음속으로 말입니다."

한국 전쟁에서 심하게 다친 빌이라는 젊은 병사는 몇 개월 동안 눈과 턱을 제외한 어떤 근육도 움직일 수 없는 상태로 병원 침대에 누워 있었다. 그가 책을 읽고자 할 때면 간호사가 침대 위에 있는 선반에 책을 올려 놓아주어야 할 정도였다. 그러던 어느 날, 문득 빌은 책장 하나를 넘기지 못하고 바보처럼 누워 있는 자신이 한심하게 느껴졌다. 그래서 비록 병상에 누워 있지만 뭔가 의미 있는 일을 해야겠다고 결심했다. 그는 이번 기회에 평소 배우고 싶었던 타자법을 익혀야겠다고 생각하고 여러 방법을 강구해 보았다. 마침내 한 가지 좋은 착상이 떠올랐다. 그는 누운 채로 자판의 글자 위치를 암기해 버리기로 했다. 그리고 간호사에게 부탁해 타자 자판 모형을 선반에 붙여 놓고, 자신의 손가락으로 적절한 키를 두드리는 모습과 종이 위에 글자가 나타나는 모습을 이미지화하기 시작했다. 비록 근육은 움직일 수 없지만, 매일 15분, 혹은 20분씩 타자하는 연습을 게을리하지 않았다. 수개월 동안 여러 가지 물리치료를 받은 후, 드디어 빌은 손과 발을 움직일 수 있었다. 그는 일어나자마자, 병원 사무실로 달려가 타자기를 빌렸다. 실제로 첫 시도에서 그는 오타 없이 1분에 55자를 쳤다. 이미지 트레이닝을 통해 타자하는 법을 완전히 익힌 덕이었다.

원하는 모습을 생생하게 그려내기 위해서는 무엇보다 가슴이 쿵쾅거릴 정도의 비전을 가져야 한다. '되면 좋고, 안 되면 말고'의 희미한 미래가 아닌, 반드시 되고 싶고 꼭 하고 싶은 것을 생생하게 그려야 한다. 꿩을 겨누는 자는 꿩을 얻고 천하를 원하는 자는 천하는 얻는다고 했다. 앞에서 만났던 모든 이들도 마찬가지였다. 지금의 현실에 만족하는 것이 아니라 자신이 간절히 원하는 모습을 생생하게 그렸기에 그 목표에 다가갈 수 있었다.

이미지 트레이닝, 어떻게 실천할 것인가?

　시각화에는 4가지 요소가 있다. 이것들 중 어느 하나라도 증가시키면, 마음속의 그림이 현실로 나타나도록 촉진할 수 있다. 시각화의 첫 번째 요소는 빈도(frequency)이다. 미래의 사건이나 목표, 행동을 얼마만큼 반복해서 시각화하느냐가 우리의 생각과 느낌, 행동에 강력한 영향을 미친다. 뛰어난 업적을 이룬 사람들은 자신이 달성하고자 하는 것에 관해 항상 생각한다. 마음의 스크린에 슬라이드를 비추는 것처럼 미래의 이상적인 이미지를 보고 또 본다. 사실 시각화의 반복 정도는 우리가 시각화한 것을 얼마나 이루고 싶어 하는가를 알려 주고, 그 정도만큼 욕구와 믿음을 강화시킨다.

　시각화의 두 번째 요소는 선명도(vividness)이다. 이것은 상상 속에서 어떤 것을 얼마나 맑고 깨끗하게 구체적으로 볼 수 있는가를 말한다. 선명도와 목표 달성 기간 사이에는 직접적인 관계가 있다. 처음에는 막연하고 흐릿했던 그림이 원하는 것에 대해 생각하면 할수록, 정보가 쌓이면 쌓일수록 점점 더 명확해진다. 그러다가 눈을 감고도 아주 세세한 부분까지 볼 수 있는 수준이 될 때 원하는 바가 이루어진다. 이것이 바로 성공하는 사람들이 목표를 달성하는 방법이다. 실패한 사람들은 되고 싶은 모습과 하고 싶은 것에 대한 확신이 없기 때문에 마음속 그림이 흐릿하고 불분명하지만, 성공하는 사람들은 자신이 원하는 것을 분명히 알기에 그만큼 마음의 그림이 맑고 깨끗하며 생생하다.

　세 번째 요소는 강도(intensity)이다. 이것은 마음의 그림에 부여하는 감정의 양을 말한다. 어떤 것을 간절히 원하면 우리는 그것에 흥분하고 열성을 갖게 된다. 목표가 달성될 것이라고 강하게 믿으면 훨씬 빨리 이루어진다. 마음속 그림에 부여하는 감정의 양을 증가시키는 것은 잠재력의 가속 페달에 힘을 주는 것과 같다.

시각화의 네 번째 구성요소는 지속시간(duration)이다. 이것은 원하는 그림을 마음속에 잡아두는 시간을 말한다. 상상하는 시간이 길수록 그것이 실현될 가능성은 커진다. 원하는 것의 실제 그림이나 사진을 구해 반복해서 보는 것도 좋다. 이렇게 하면 그것은 명령으로 수용되어, 곧 새로운 시각적 명령에 일치하는 현실로 바뀌게 된다!

이미지 트레이닝(시각화)

빈도(frequency)	얼마만큼 반복해서 시각화하는가
선명도(vividness)	얼마나 또렷하게 구체적으로, 생생하게 볼 수 있는가
강도(intensity)	얼마나 많은 감정을 쏟아부어 원하는가
지속시간(duration)	얼마나 오래 상상하는가

빈도, 선명성, 강도, 지속시간의 4가지 요소를 되고 싶고, 가지고 싶고, 하고 싶은 것들의 시각화에 결합하면 엄청난 추진력을 얻을 수 있으며 실제적인 행동력을 촉진할 수 있다. 내재된 성공의 동력을 가동시켜 자원을 활용하도록 함으로써 과거에 달성할 수 없던 것들을 해낼 수 있다. 1년 뒤, 당신이 가장 원하는 상황을 하나 정하라. 그리고 당신이 그때에 일어나기를 바라는 모든 상황과 사건에 대해 마치 눈으로 보듯 상상하라. 촉각, 시각, 후각, 청각 등 모든 감각을 동원해 그날을 실제처럼 느껴라. 그러면 이미 이루어진 것이다.

09
글로 적는 것만으로 생기는 놀라운 능력

문자를 발명한 인류는 그때부터 급속도의 발전을 거듭해나갈 수 있었다. 지식을 기록하고 전수하며 빛나는 문명의 계단을 쌓아왔기 때문이다. 한 개인이 무엇인가를 기록하고 계획하는 것, 그래서 자신의 목표를 명확하게 설정하는 것은 미래를 바꾸는 역할을 한다. 더 나아가 손으로 적혀진 글은 선명하게 눈에 들어와 그 생생함을 더하게 되고 자기에 대한 확신을 더욱 강화한다. 무엇보다 이것은 성장의 최고 단계라고 할 수 있는 '무의식적 능력 상태'를 만들어 내는 최고의 방법 중 하나이다. 글로 적는다는 행위는 무엇인가를 기록하거나 할 일(To do list)에 대한 계획을 넘어서는 심오한 자기발전의 계기가 되어준다. 손으로 적고, 눈으로 보고, 입으로 말하고, 머리로 상상하는 것. 바로 이것이 어웨이크너가 가져야 할 최고의 무기들이다. 이것은 잠재되었던 무한 긍정의 의식을 이끌어 내고, 자기확신을 하게 만들어 결국 궁극의 목표에 다가갈 수 있도록 이끈다. 스스로를 최고로 만든 사람들, 그들은 대부분 바로 이런 방법을 통해 자기성취를 이루어왔다.

메모가 발휘한 놀라운 힘의 실제 사례

'증오와 존경의 감정을 동시에 느끼게 되는 자, 감히 막을 수 없고 오직 두려워할 수밖에 없는 자가 되라.'

'한 번의 태클로, 절망적인 수비를 결정적 역습으로 바꾸어 놓는 자가 되라.'

'돌려서 주위 상황을 인식하자. 이동을 컨트롤하여 공간을 만들고 수비에서 벗어나자.'

'아프리카에서는 매일 아침 사자가 잠에서 깬다. 사자는 가젤을 앞지르지 못하면 굶어 죽는다는 사실을 알고 있다. 그래서 사자는 온 힘을 다해 달린다. 네가 사자이든 가젤이든 마찬가지다. 해가 떠오르면 달려야 한다.'

지난 2010년 국제축구연맹(FIFA) 17세 이하 여자 월드컵(U-17)에서 득점왕, MVP, 우승 등 무려 3관왕을 차지한 선수 여민지. 그녀는 초등학생 때부터 꾸준하게 일기를 써왔다. 그리고 앞의 내용들은 모두 그녀가 직접 일기장에 쓴 내용들이다. 곳곳에는 훈련 내용, 자신에 대한 반성과 각오, 자신이 될 미래에 대한 자기암시가 적혀 있었다. 그녀는 매일 일기를 통해 자신이 원하는 바, 되고자 하는 바를 글로 적고 있었던 것이다.

미식축구계에 루홀츠라는 코치가 있었다. 우리나라 사람들은 잘 모르는 경우가 많지만, 비유하자면 프로야구계의 김응룡 감독, 축구계의 히딩크 감독처럼 유명한 사람이었다. 1966년, 28살이었던 그는 한 대학 팀 코치로 있다가 경질되어 실업자가 되었다. 특히 그의 아내는 이미 세 번째 아이를 임신 중이었다. 그러나 아내는 남편을 다그치기보다는 당시의 베스트셀러였던 『The magic of thinking big』이라는 책을 선물했다. 딱히 할 일이 없었던 실업자 루홀츠는 집에서 이 책을 뒤적이기 시작했다. 그가 인상 깊게 본 구절은 '죽기 전에 달성하고 싶은 목표가 있다면 지금 당장 적어라.', '글로 쓴 목표를 가져라. 그러면 인생이 달라질 것이다.'라는 내용이었다. 그는 이에 따라 식탁 위에 앉아서 종이를 꺼내 놓고 죽기 전에 하고 싶은 목록을 쭉 적기 시작했다. 애초의 계획은 100가지를 적는 것이었는데, 적다보니 107개가 되었다. 백악관 만찬 초대받기, 투나잇 쇼 출연하기, 노트르담 대학의 수석코치 되기, 올해의 코치로 선발되기, 국내 풋볼선수권 대회 우승하기, 항공 모험에 탑승하기, 스카이다이빙 해보기…. 28살의 실업자가 실천하기에는 꿈같은 이야기이기도 했다. 이렇듯 허황되어 보이는 그의 꿈은 이후 오랜 인생의 시간과 함께 무려 103개가 달성되었다.

우리에게도 익숙한 미국 배우 짐 캐리는 1975년도에 드라마 배우로 데뷔했다. 그는 데뷔 후 무려 20년을 무명으로 지내며 가난한 생활을 해야 했다. 그때 친구들이 '목표를 글로 쓰면 이루어진다.'고 했지만 짐 캐리는 그냥 무시했다. 어느 날, 트럭에서 잠을 자다가 느닷없이 자신의 꿈을 글로 적어 보겠다는 생각을 했다. 그는 LA에서 가장 높은 언덕에 올라 가짜 백지수표를 만들어 거기에 '1천만 달러'라는 큰 금액을 써넣었다. 그로부터 정확히 20년 후, 1994년도에 그는 영화 「덤 앤 더머」에 출연하면서 700만 달러, 「배트맨」에 출연하면서 1천만 달러를 받는 스타가 됐다. 그리고 데뷔 후 20년 만에 신인상을 받게 됐다. 그는 수상 무대에 올라 자신이 적었던 가짜 수표를 손에 들고 이렇게 소감을 이야기했다.

"제가 데뷔한 지 올해 20년째입니다. 친구들이 목표를 글로 적으라고 했는데 저는 무시했었죠. 그런데, 5년 전에 제가 이렇게 꿈을 적었고 놀랍게도 그대로 이루어졌습니다. 진작 쓸 걸 그랬네요."

세계적인 스포츠마케팅사 IMG의 설립자인 마크 매코맥은 1979년 하버드경영대학원 졸업생들에게 "명확한 장래 목표를 설정하고 그것을 성취하기 위해 계획을 세웠는가?"라는 질문을 했다. 전체 졸업생의 3%

에 해당하는 A그룹은 목표와 계획을 세우고 그것을 구체적으로 종이에 적어 기록했다. 13%에 해당하는 B그룹은 목표는 있지만 종이에는 기록하지 않았다. 반면 나머지 84%에 해당하는 C그룹은 그저 졸업 후에 여름을 즐기겠다는 정도의 대답만 했다. 10년 후 매코맥은 다시 그들을 찾아 상황을 파악해 보았다. B그룹은 C그룹보다 평균연봉이 2배가 높았으며 A그룹은 나머지 B, C그룹보다 평균연봉이 10배가 높았다.

2002년 미국 「USA투데이지」에서도 이와 비슷한 테스트를 진행한 적이 있었다. 새해 목표를 세운 그룹을 설정하고 그 안에서 '목표를 글로 적어 놓은 부류'와 '목표를 생각으로만 했던 부류'로 나누었다. 다시 1년 뒤, 그 목표의 성취 여부에 대해 다시 조사했다. 그 결과 '목표를 생각으로만 했던 부류'는 4%만이 변화를 실천했지만 '목표를 글로 적어 놓은 부류'는 무려 46%가 실천했다.

무의식적 능력 상태를 만드는 최고의 방법, 글

왜 글로 쓰면 자신이 원하는 목표가 이루어지는 것일까? 도대체 글에는 어떤 힘이 있을까? 점진적인 발전을 가져오게 하는 '성장의 4단계'라는 것이 있다. 성장의 첫 번째 단계는 '무의식적 무능력 상태'이다. 이것은 자신이 무언가를 모르고 있다는 사실 자체를 모르는 상태이다. 4살 꼬마 아이가 자신이 운전을 할 수 있는지 할 수 없는지 자체를 모르는 것처럼, 현재 자신이 무엇을 잘하는지 혹은 무엇을 못하는지를 인지하지 못하는 상태이다.

두 번째는 '의식적 무능력 상태'이다. 이것은 내가 모르거나 못하는 것이 있다는 것을 아는 상태이다. 다시 말하면 자신이 특정 분야에 대해 무능력하다는 사실을 깨닫는 것이다.

세 번째는 '의식적 능력 상태'이다. 그러니까 자신이 능력이 있고, 또한 그것을 알고 있는 상태이다. 하지만 이 단계의 특징은 자신의 의식이 존재할 때에만 능력도 존재한다는 사실이다. 2개를 의식하면 2개의 능력이 생기지만, 만약 이 의식이 사라지면 능력도 사라지는 단계가 된다. 집요하게 생각하고 노력할 때에는 결과가 생기지만, 이런 노력과 생각이 사라지면 그 능력도 사라지게 된다.

마지막 네 번째 단계는 '무의식적 능력 상태'이다. 이것은 내가 능력이 있다는 것조차 의식하지 않지만 이미 그 스스로는 충분히 능력을 발휘하고 있는 상태다. 일반적으로 이 단계는 '앎'의 단계, 혹은 배움의 완성 단계라고 볼 수 있다. 바로 이 단계가 '습관화된 상태'이기도 하다.

자신이 간절히 원하는 바를 글로 적는 것은 바로 '무의식적 능력 상태'를 만들어 내는 최고의 훈련과정이라고 해도 과언이 아니다. 눈으로 보면서 손으로 적고, 머리로 생각하는 이 총체적인 과정은 무의식적 능력 상태로 진입하는 빠른 지름길이다. 특히 목표를 글로 적어 놓게 되면 가시적인 비주얼이 되어 더욱 단단한 추진력이 될 수 있다. 이것은 몇몇 개인의 사례가 아니라 실제 다양한 실험결과를 통해서 이미 증명되었다.

자신이 간절히 원하는 내용을 글로 적는 행위는 강한 동기부여 방법 중의 하나이다. 사람은 구체적이면서도 도전적인 목표를 가질 때, 가장 동기가 강해지고 또 성과도 좋아진다. 이 과정에서 목표를 글로 적는 것은 잊혀지지 않을 강한 도장을 뇌리에 찍는 것과 마찬가지다. 무언가를 글로 적는다는 것이 하찮아 보일 수도 있다. 하지만 그것이 가지고 있는 힘은 의외로 강하다. 적는다는 행위는 단순히 종이 위에 글자로 적는 것을 넘어서, 당신 인생의 역사에 성공을 기록하는 것과 동일하다.

목표를 어떻게 SMART하게 적을 것인가?

　자신의 목표를 글로 적는 것에는 정확한 방법이 필요하다. 우선 이루고 싶은 목표를 건강, 학습, 경제적 이익, 사회적 성취, 타인과의 교류, 가족 등으로 세분화하고 여기에서 3년 안에 도달하고자 하는 목표를 적어보자. 이렇게 세분화하면 목표를 정리·정돈할 수 있는 것은 물론이고 두루뭉술하지 않도록 정확하게 적을 수 있다. 목표를 정할 때 염두에 두어야할 것은 바로 'SMART'의 법칙이다. S(Specific), M(Measurable), A(Action Oriented), R(Realistic), T(Time−deadline)이 그것이다. 이는 곧 구체적이어야 하고, 측정이 가능해야 하며, 어떤 행동을 해야 할지 드러나야 하고, 현실이어야 한다는 점이다. 그리고 마지막으로 특정한 데드라인이 필요하다.

　예를 들어서 '좋은 아빠 되기'가 목표라고 해보자. 하지만 이것은 진정한 '목표'가 아닌 그저 '희망사항'일 뿐이다. 따라서 이 내용을 위의 SMART에 의거해 다시 작성해본다면 '일주일에 반나절의 시간은 반드시 아이와 함께 보내고, 하루에 30분씩 대화하겠다'로 적어야 한다. '해외여행을 간다'는 것도 희망사항일 뿐이다. '어디를 누구와 며칠간 어떻게 간다, 그러기 위해서는 무엇을 준비한다'로 바꾸어 적어야 진짜 '목표'가 된다. 보다 더 구체적으로는 다음과 같은 단계를 거치면 더욱 실현 가능한 목표를 설정할 수가 있다.

　① 목표를 글로 적은 후 열렬한 바람이 있는지 스스로에게 물어본다
　일단 떠오르는 대로 목표를 적었다면, 다시 한번 그것을 자신에게

물어볼 필요가 있다. '정말로 열렬한 바람이 있는가?', '정말로 하지 않으면 안 되는 갈증이 있는가?'라는 질문이다. 만약에 이것이 없는 상태에서 막연한 의무감에 설정한 목표는 탈락시켜야 바람직하다. 간절함이 없으면 노력도 오래가지 못하고 결국 이룰 수 없기 때문이다.

② '할 수 있어?'라고 물을 때 최소한 50:50의 대답이 나와야 한다

만약 스스로에게 '이거 할 수 있겠어?'라고 질문했을 때 '이건 도저히 힘들 것 같은데'라는 생각이 은연중에라도 들기 시작하면 불가능한 목표라고 보아야 한다. '완전히 자신 있어'라는 대답까지는 아니더라도 최소한 성공과 실패의 가능성이 반반인 상태, 그러니까 스스로 '성공과 실패의 가능성이 50:50인 것 같기는 한데, 최대한 노력하면 이뤄질 수 있을 것 같아'라는 대답이 나와야 한다. 이는 근육운동을 생각해보면 쉽다. 너무 가벼운 아령을 들면 근육이 강화되지 않고, 반대로 지나치게 무거운 아령을 들면 운동 자체가 힘들다.

③ 목표는 세분화되어야 한다

목표는 잘게 쪼개서 세분해 적어야만 실현 가능성이 더욱 높아진다. 1년 뒤에 20kg를 빼겠다가 아니라 이번 달 30일까지 2kg을 빼겠다, 2주 안에 1kg을 빼겠다와 같은 목표가 좋다.

④ 방해물도 미리 숙지하고 시뮬레이션해야 한다

무조건 목표를 적는 것만이 중요한 것이 아니다. 목표에는 분명 방해요소가 있다. 이제껏 그 목표가 이루어지지 않은 것은 이런 방해요소들 때문이기도 하다. 새로운 목표라고 하더라도 분명 방해요소는 생겨나기 마련이다. 따라서 과연 누가 방해꾼인지, 나의 어떤 습관이 방해하는지 충분히 파악하고 그 시나리오를 염두에 두면서 이겨나갈 수 있

는 방법까지 함께 적어야만 한다.

⑤ 왜 이것을 목표로 세웠는가를 물어본다

이 질문에 적어도 다섯 가지 이상의 이유가 나와야 한다. 그렇지 않다면 작은 걸림돌만 나와도 포기할 수 있다. 이유가 구구절절할수록 달성 가능성은 높아진다. 만약, 이유를 찾을 수 없다면 이 목표가 나에게 어떤 의미가 있는지 물어본다. 의미를 다섯 가지 이상 만들어본다. 억지로라도 만들자. 만약 이유를 찾을 수 없고 의미도 찾을 수 없다면 이 목표는 잘못된 것이다. 버려야 한다.

죽음을 맞으며 깨달은 한 가지 진실

웨스트민스터 대성당의 지하에 있는 성공회 대주교의 묘비에는 다음과 같은 글이 적혀 있다.

나 자신, 내가 젊고 자유로워서 상상력에 한계가 없을 때,
나는 세상을 변화시키겠다는 꿈을 가졌다.

좀 더 나이가 들고 지혜를 얻었을 때
나는 세상이 변하지 않으리라는 걸 알았다.

그래서 시야를 약간 좁혀
내가 살고 있는 나라를 변화시키겠다고 결심했다.
그러나 그것 역시 불가능한 일이었다.

황혼의 나이가 되었을 때 나는 마지막 시도로,
가장 가까운 내 가족을 변화시키겠다고 마음을 정했다.
그러나 아무도 달라지지 않았다.

이제 죽음을 맞이하기 위해 누운 자리에서 나는 문득 깨달았다.
만일 내가 자신을 먼저 변화시켰더라면, 그것을 보고 내 가족이
변화되었을 것을.
또한 그것에 용기를 얻어 내 나라를 더 좋은 곳으로 바꿀 수 있었을
것을.
그리고 누가 아는가, 세상까지도 바꾸었을지!

　우리에게는 개발하지 않은, 또는 잠자고 있는 능력이 있다. 그 무한
한 에너지는 오랜 시간 동안 먼지에 둘러싸인 채 잠들어 있다. 즉, 자
기만의 아집과 편견과 고정관념의 껍질이 둘러싸고 있는 것이다. 스스
로를 구속하는 좁은 마음속에서 답답함을 못 이기고 몸부림치며 괴로
워하는 것이 우리들의 자화상이다. 성공은 바로 이 껍질을 깨는 데서부
터 출발한다. 따라서 우리는 이 벽을 깨야만 한다. 의식의 벽, 태도의
벽, 습관의 벽, 행동의 벽…. 그러나 이 모든 벽들은 우리가 힘을 부여
한 것들이다. 실제보다 훨씬 작게 스스로 한계를 부여해 놓고 그 안에
서만 아등바등 살아간다. 이제 당신이 정한 한계를 벗어 던져라. 스스
로 봉인한 한계는 직접 깨야만 한다. 스스로 만든 상자를 깨고, 밖으로
나오는 여정이 바로 당신이 어웨이크너가 되는 데에 필요한 것이다.

인지의 변화(Position Change) 1

우리가 대개 인지하는 시간은 선형으로 흘러갑니다. 물론, 양자물리학은 미래와 과거의 공존을 이야기하기도 하고, 힌두교에서의 시간은 사이클의 반복으로 설명되기도 합니다. 고대 희랍에서도 크로노스와 카이로스로 시간의 주관성과 객관성을 구분해 사용해 왔습니다.

하지만, 우리는 일상적으로 선형으로 경험하니 일단 그렇게 전제하겠습니다. 공간을 만드세요. 그리고 나의 삶의 시간이 일직선으로 흐른다고 가정하고, 과거에서 현재를 거쳐 미래로 흘러가는 시간선(time line)을 정하십시오. 현재에서 뒤로 가면 과거이고 앞으로 가면 미래입니다. 과거 또는 미래로 걸어갈 때마다 과거로 또는 미래로 간다고 상상하십시오.

내 삶에서 어떤 일이 있었고, 일어나기를 희망하는지 선 위에서 직접 걸으며 몸을 통해 느끼고 성찰해 보십시오. 이것이 자기 대화를 위한 걷기 명상이기도 합니다.

자기대화(Self Talk)

자, 한 치의 흔들림 없이 우주에 선언해 봅시다. 중요한 것은 마치 다 이룬 것처럼 이루었다고 상상하고, 믿고 외쳐보는 것입니다. "나는 내가 좋다!"를 거울을 보고 10번씩 외쳐보십시오. 뼛속까지 믿으며 외쳐보십시오. 여기서 조금의 의심이라도 생기면 안 됩니다. 나의 강력한 의식으로 무의식에게 명령을 내리는 것입니다. 무의식은 권위 있는 의식의 명령에 복종한다는 것을 기억하십시오.

나만의 주문, 나만의 만트라를 만들어 외쳐 보십시오.

상상 연습(Active Centering)

❶ 뿌리내리기 grounding

❷ 흐르기 flowing

중심을 잡고 있으면 흔들리지 않습니다. 중심이 흔들리면 감정이 생깁니다. 에고가 건드려지기 때문입니다. 빈 배가 되는 길은 중심을 잘 잡는 것입니다. 중심잡기의 방법으로는 '뿌리내리기(grounding)'와 '흐르기(flowing)'가 있습니다. 뿌리내리기는 거대한 거목처럼 비바람에 흔들릴 수는 있어도 언제나 제자리를 지키는 모습입니다. 뿌리 깊은 나무. 우리는 뿌리가 깊을수록 흔들리지 않습니다. 여러분에게 뿌리 내리기는 무엇인가요?

또 하나의 중심잡기는 흐르기입니다. 물 위에 종이배를 띄워 놓으면 파도에 출렁입니다. 물결을 따라 자연스럽게 흘러갑니다. 외적 에너지에 저항하며 힘을 소진하는 것이 아니라 외부의 힘을 이용해 나의 힘을 아낍니다. 그리고는 해내죠.

이 두 그림 중 하나를 보시고 내가 완전히 뿌리내리는 모습을(또는 흐르기하는 모습을) 상상하십시오. 어떤 바람이 불어도 나는 흔들리지 않음을 상상해 보십시오. 오히려 그 바람 덕분에 내가 동력을 얻는 모습을 상상해 보십시오. 상징과 상상은 어웨이크너의 좋은 활용 도구입니다.

혜주(慧主)의 적자생존 10단계

분야
_____

목표
_____

혜주의 적자생존 10단계를 작성하는 방법입니다. 10단계 프로세스를 따라 가다 보면 더욱 완성도 높은 나만의 목표를 설정할 수 있습니다. 아래의 순서를 따라 목표를 하나하나 잘 만들어 보십시오. 먼저 분야를 정하고(예: 건강, 학업 등) 올해 이루고 싶은 목표를 적습니다. 해당하는 번호의 질문에 따른 답을 하십시오.

01
열렬한 바람이 있어야 한다.
불타는 바람은 모든 성취의 시작이다.
목표를 정하는 데는 자신에게 완벽하게 솔직해야 한다.
이 목표는 자신이 정말로 원하는 것인가?

❶ 당신은 방금 적은 목표를 달성하고 싶습니까? 정말 당신이 원하는 목표입니까? 그렇다면 '네!'라고 적으십시오. 시간을 두고 이것이 정말 내가 원하는 목표인지 생각해 보십시오. 우리는 습관처럼, 그냥 해야 할 것 같은 목표를 세우기도 합니다. 부모님이 권해주셔서, 선생님이 말씀하셔서, 친구가 하니까 등등. 정말 자신이 원하는 목표가 아니라면 이 목표는 1단계에서 탈락입니다. 나의 가슴이 뛰는 목표를 설정하세요. 가슴에 손을 올리고 자문하

세요. '정말 나는 이것을 원하는가?'

02 목표는 믿을 수 있고, 성취 가능한 것이어야 한다.
목표는 당신 스스로 달성 가능한 것이라고 믿을 수 있어야 한다.
이 목표는 50:50의 성공 가능성을 가지고 있는가?

❷ 앞서 적은 목표를 다시 한번 읽어보십시오. 이 목표가 달성 가능할 것이라고 생각하는지 자문하십시오. 자신의 역량과 준비도 등을 객관적으로 두고 관찰자가 되어 판단해 보십시오. 지금 현재의 상황·실력·노력이라면 과연 이 목표는 몇 % 달성 가능할까요?

만약 그 대답이 80% 이상 가능하다면, 목표를 더 높이세요. 높은 목표는 나의 잠재력을 끌어내기 때문입니다. 너무 쉽게 달성할 수 있는 것은 목표가 아닙니다. 그냥 계획입니다.

만약, 그 대답이 30% 이하로 나온다면 목표를 더 낮추세요. 꿈을 낮추라는 것이 아닙니다. 당신을 무시하는 것도 아닙니다. 목표는 그냥 목표일 뿐입니다. 목표는 목적이 아닙니다. 목적 달성을 위한 하나의 수단이자 도구일 뿐입니다. 너무 높은 목표로 좌절하거나 상처받을 이유가 없습니다.

가장 좋은 목표는 이런 마음의 소리가 들릴 때입니다. '야… 이거 정말 내가 최선을 다하지 않으면 달성하기 어렵겠구나. 조금이라도 방심하는 마음이 생기거나 교만해지면 달성은 불가능하겠구나. 하지만, 내가 조금만 스스로를 잘 관리하고 정진하면 분명 달성 가능한 목표임엔 틀림없어.' 이 마음의 소리를 들을 때까지 목표를 수정하십시오.

이 과업을 수행하기 위해 전제되어야 하는 것은 목표는 행동 중심으로서 가급적 세부적으로 묘사되어야 한다는 것입니다.

• 나쁜 예: 영어공부를 열심히 하겠다.
수정 영어 읽기를 매일 30분씩 실천하고, 10분씩은 스피킹을 연습하겠다.

- 나쁜 예: 좋은 남편이 되겠다.

  <수정> 설거지는 내가 한다. 분리수거도 내가 한다. 쥐희 내가 요리한다.

- 나쁜 예: 운동하겠다.

  <수정> 계단은 5층 이하라면 걸어 다니겠다. 매일 30분씩 달리겠다.

03

❸ 목표를 긍정문이자 현재형으로 기술하십시오. 이왕이면 긍정문의 목표를 설정하십시오. 그리고 현재형으로 표현해 보십시오. 우리 무의식은 긍정문과 현재형 언어를 잘 받아들인다고 합니다.

예 술·담배를 끊겠다. ➜ 더 건강한 음식을 먹겠다(긍정형). ➜ 나는 더 건강한 음식을 먹는다/먹고 있다.

나쁜 짓은 하지 않겠다. ➜ 좋은 일을 많이 하겠다(긍정형). ➜ 나는 좋은 일을 한다/하고 있다.

04 당신은 왜 이것을 원하는가?

그리고 당신에게 어떤 이익이 있는가?

왜 이 목표의 성취를 원하는가?

그 이유들을 아래에 열거하라.

이유가 많을수록 목표달성에 더욱 가까워질 것이다.

㉮ _____

㉯ _____

㉰ _____

㉱ _____

㉲ _____

❹ 왜 이것을 당신의 목표로 설정했는지, 그 이유를 5가지 이상 적어보십시오. 이유가 없다면 지금 만들어보십시오. 해야 할 이유가 없는 목표는 작은 걸림돌만 나타나도 하지 않게 됩니다. 이유가 많고, 사연이 많아야 달성 가능성은 높아집니다. 이유가 없다면 억지로라도 만들어보세요.

만약, 이유라는 단어가 와닿지 않는다면 다음과 같이 자문해 보세요. 이 목표는 나에게 어떤 가치와 의미가 있는지 5가지 이상을 적어보세요. 없다면 억지로라도 만드세요. 의미와 가치가 없다면 목표를 달성할 동력이 없다는 것입니다. 의미는 찾는 것이 아니라 만드는 것입니다. 지금 적어보세요.

05

❺ 목표와 관련된 나의 현재 수준을 객관적으로 적어 보세요. 내 모습을 적으면서 지금까지 적었던 목표와의 격차를 몸과 마음으로 느껴보세요.

예: 목표) 매일 30분씩 외국어 읽기 훈련을 한다.

현재) 생각날 때마다 하는데 평균 월 2회, 매회 20분 정도이다.

06

❻ 목표달성을 위해 필요한 지식 · 정보 · 태도를 적어보십시오. 목표를 이루기 위해 어떤 공부를 더 해야 하나요? 나는 어떤 마음의 태도를 가지고 있어야 할까요? 쭉 적어 보십시오.

07

❼ 예상되는 장애물을 적어보십시오. 우리가 살아가면서 어려운 순간은 예기치 못했던 일들이 일어날 때입니다. 목표단계에서 미리 생각해 보세요. 어떤 방해물이 있을 수 있을까요? 예상할 수 있다면 더욱 쉽게 이겨낼 수 있습니다. 그리고 어쩌면 진짜 방해물은 '교만한 생각', '게으름' 등 내 안에 있는

것일지도 모릅니다.

❽ 누구의 도움을 받을 수 있는지, 누구와 함께 할 수 있는지 적어보십시오. 독불장군은 없습니다. 전문가·멘토·코치를 찾으십시오. 여러분의 계획을 주변에 알리세요. 행운이 찾아올지 모릅니다.

예: 금연계획을 가족·친구·동료에게 알린다. 내가 담배를 찾는 것을 발견하면 경고해달라고 미리 부탁한다.

예: 외국어 공부를 한다고 알린다. 주변에서 좋은 정보를 줄 수도 있다.

❾ 목표를 달성한 자신의 모습을 상상하세요. 그리고 마치 다 이룬 것처럼 느끼며 생활하십시오. 이처럼 기분 좋은 일도 없습니다. 오감을 총동원해 목표를 이미 이룬 나를 상상하십시오. 미래로 가서 느껴보십시오. 미래에 있는 이미 성취한 나에게 아이디어를 얻으십시오.

⑩

⑩ 100% 완성할 때까지 9단계까지를 반복하십시오! 포기하지 마십시오. 포기는 배추를 셀 때만 사용하는 말입니다.

SWOT 분석

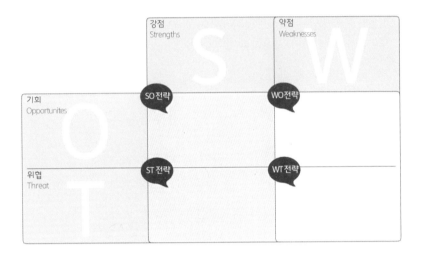

경영분야에서 활용하는 SWOT분석은 나의 삶의 경영에도 적용할 수 있습니다. 나의 강점·약점, 현재 환경과 상황에서 나에게 기회로 다가오는 것, 위협이 될 수 있는 것들을 적어보십시오.

'SO전략'의 경우 나의 강점을 이번 기회에 어떻게 잘 활용할 것인지를 생각해 보세요. 직접 적어봅니다. 'WO전략'에 관해서는 나의 약점을 이번 기회에 어떻게 잘 보완할 것인지 생각해 보세요. 직접 적어봅니다. 'ST전략'은 나의 강점을 이번의 위기상황에서 어떻게 활용하고 대처하는 데 사용할 것인지 생각해 보는 겁니다. 'WT전략'은 어떻게 하면 이번 위기상황에서 나의 약점이 드러나지 않게 하고 잘 극복할 수 있을지 생각해 보는 겁니다. 이런 도구를 통해 나의 생각을 조금 더 조직하고 분석하는 것은 또 다른 성찰활동입니다.

열정(Passion),

나를 전진하게 하는 불꽃

변화하는 모든 것에는 동력이 필요하다. 굴러가는 돌 하나도 애초에 그것을 굴리는 동력이 있다. 우주의 중심인 사람에게 동력이 필요한 것은 자명한 사실. **자신에 대한 확신과 믿음을 갖추었다면 이제 숲을 헤치고 앞으로 달려 나갈 힘을 갖출 차례다. 그것은 바로 열정이다.** 마음에서 솟구치는 뜨거운 이 힘은 장애와 난관을 태워버리며 당신을 전진시킬 가장 놀라운 에너지이다.

01

열정의 실체,
내 속에 숨어 있는 신(神)

우리 모두의 마음속에는 무한한 에너지의 근원, 하나의 신(神)이 존재한다. 이를 발견한 사람은 성공과 행복의 길로 들어서고 그렇지 못한 사람은 그저 어제도 오늘 같고, 오늘도 어제 같은 평이하고 지루한 삶을 살아갈 뿐이다. 그 신의 이름은 바로 라틴어 'Enthusiasm'에서 유래된 '열정'이라는 말이다. en(in)＋theos(God), 내 안에 신을 둔다는 의미이다. 우리의 전통적인 표현으로는 '신들렸다'고 말할 수도 있을 것이다. 이 상태는 무한한 우주의 에너지가 들어온 상태이다. 성공학 분야의 세계적인 대가 브라이언 트레이시는 다음과 같은 이야기를 우리에게 전해준다.

생명의 비밀은 어디에 있을까?

올림포스 산에 살고 있던 신들이 땅과 사람, 새와 동물, 바다의 생물체, 식물과 꽃, 그리고 모든 생물을 만들고 나니 할 일이 꼭 한 가지

남았다. 그것은 인간들이 찾을 수 없는 곳에 '생명의 비밀'을 감추는 것이었다.

신들은 어디에 숨겨두는 것이 더 안전한가에 대해 격렬하게 토론했다. 한 신이 이야기했다. "세상에서 제일 높은 산에 숨깁시다. 인간들은 절대로 못 찾을 겁니다."

그러자 다른 신이 이야기했다. "우리가 인간을 만들 때 그 안에 끝없는 호기심과 야망도 함께 만들어 넣었기 때문에 결국은 제아무리 높은 산이라도 올라갈 겁니다."

그러자 다른 신이 세상에서 가장 깊은 바다에 생명의 비밀을 숨기자고 제안했다. 이에 대해 또 다른 신이 대답했다. "우리가 인간을 만들 때 끝없는 상상력과 불타는 호기심으로 세상을 탐험하도록 만들었기 때문에 아무리 깊은 바다라고 하더라도 인간은 결국 도달할 겁니다."

마지막으로 신들 중의 하나가 해결방법을 찾아냈다. "사람들이 생명의 비밀을 찾지 않을 곳, 인간이 다른 모든 곳을 다 뒤진 후에야 마지막으로 찾을 곳, 그리고 인간의 의식 수준이 충분히 성숙한 후에야 찾을 수 있는 곳에 숨깁시다."

"그곳이 어딥니까?"

그 신이 대답했다. "사람들의 마음 속 깊숙한 곳입니다."

신들은 모두 동의했고, 마음 속 깊은 곳에 생명의 비밀을 숨겼다.

인간은 깊숙한 곳에 숨겨진 잠재능력이라는 보물을 찾아내어 활용할 수 있도록 해주는 열쇠를 찾는 데 아주 오랫동안 전념했다. 그들은 조합, 비밀조직, 사적인 커뮤니티를 만들어 인간의 내적인 힘이라는 미개척지를 탐험하는 데 헌신했다. 결국 종교 커뮤니티, 수도원, 밀교에서 정교한 의식과 비법을 전수받는 데 일생을 보내고 나서야 이 위대한 비밀의 일단을 순간적으로 아주 조금 들여다 볼 수 있었다.

러시아의 신비주의 사상가인 마담 블라바츠키는 그것을 '신비의 가르침(secret doctrine)'이라 생각했다. 또한, 시인이자 철학자인 랄프 왈도 에머슨은 그것을 '신성(oversoul)'이라고 부르면서 "우리는 모든 필요를 충족시켜주는 엄청난 지성의 무릎에 누워 있다"고 말했다.

한편 나폴레온 힐은 이 힘이 '무한한 지성(infinite intelligence)'이며, 우주의 지식 창고이자 모든 상상력과 창의력의 원천이라고 했다. 그는 이 지성에 접근하는 능력이야말로 그가 지난 몇 년 사이에 인터뷰한 수백 명의 부자들이 커다란 성공을 할 수 있게 한 핵심이라고 주장했다. 이후에도 그것은 다양한 이름으로 불렸다. 우주의 정신, 신의 마음 또는 창조적 잠재의식이 바로 그것이었다.

미치지 않으면 미칠 수 없다

놀라운 힘은 원래 우주의 어떤 상태로 존재하며, 이 힘을 필요로 하는 사람이 받을 수 있는 상태가 되었을 때 내면의 공간에 무한대로 가득 채워진다. 이때 바로 열정이 가득한 상태, 즉 신이 들려 어떤 것에 미치는 상태가 된다. 이런 사람들은 정상적으로 보이지 않을 수 있고 심지어 남들에게 비웃음을 사는 경우까지 생긴다.

영국의 물리학자, 천문학자, 수학자로서 18세기 과학 분야에 불멸의 업적을 남긴 뉴턴은 어느 날 책을 읽다 문득 시장기를 느꼈다. 그는 계속해서 책을 읽으면서 달걀을 냄비 속에 넣었다. 얼마 후 달걀이 적당히 삶아졌겠지 하고 생각한 그는 비로소 책을 덮고 냄비 뚜껑을 열었다가 깜짝 놀랐다. 냄비 속에서 펄펄 끓고 있는 것은 달걀 바로 옆에 두었던 회중 시계였다. 달걀은 여전히 책상 위에 있었다. 물론 뉴턴은 회중시계를 집었을 때 손에 잡힌 느낌이 달걀과 다르다는 것을 조금도 느끼지 못했다.

프랑스의 물리학자로, 전자기학의 기초 법칙 '암페르의 법칙'을 발견한 유명한 암페르는 시도 때도 없이 찾아와 연구를 방해하는 손님에게 그만 질리고 말았다. 그래서 고민 끝에 문 앞에 '금일 부재중'이라는 팻말을 걸어놓기로 했다. 그는 일일이 상대하지 않고도 손님을 돌려보낼 수 있는 기막힌 방법이라고 무릎을 치고는 곧 실행에 옮겼다. 그러던 어느 날, 그는 어려운 수학 문제를 생각하면서 집으로 돌아왔다. 문으로 들어가려다가 언뜻 그 팻말이 눈에 들어왔다. 그는 이렇게 혼자 중얼거렸다. "뭐야, 없잖아? 어쩔 수 없지. 나중에 다시 와야겠군."

그리고 그는 총총걸음으로 오던 길을 되돌아갔다. 수학 문제에 온 신경을 집중하고 있었기 때문에 팻말을 본 순간 문득 자신이 다른 친구의 집이라도 찾아왔다고 착각한 것이다.

이 세상은 제 정신이 아닌 사람들에 의해 만들어진 것이다. 하늘을 날겠다는 미친 형제로 인해 우리는 안락한 항공기를 타고 전 세계를 돌아다닐 수 있으며, 무선통신이 가능하다고 했던 정신병자 덕분에 우리는 어디서 누구와든 통화할 수 있다. 자동차를 만들겠다던 편집광 덕택에 우리는 자동차를 손에 넣을 수 있었다. 인류의 어떤 위대한 일도 열정 없이 이루어진 것은 없다던 랄프 왈도 에머슨의 말처럼 이 미치광이들이 세상을 바꾸고, 위대한 업적을 만들어 냈다. 많은 사람들이 이런 이야기를 불광불급(不狂不及), 즉 '미치지 않으면 미치지 못한다'고 표현한다.

자신의 삶을 바꾸고자 생각하는 사람이라면 아주 쉬운 한 가지 방법이 있다. 바로 자신을 특정한 것에 미치도록 만드는 힘, 열정을 만나면 된다. 외부에서, 혹은 저 멀리에서 찾을 필요도 없다. 너무도 감사하게도, 그것은 이미 당신 안에 들어있다. 손을 뻗기만 하면 닿을 거리에 있는 그 열정을 만나냐 만나지 못하느냐가 당신이 원하는 성공과 변화를 이루어낼 수 있느냐 없느냐를 결정할 뿐이다.

사랑,
열정을 일으키는
근본적 원인

세상에는 위대한 일을 해내는 사람들이 많다. 스포츠 영웅, 사상가, 비즈니스맨을 비롯해 자신의 영역에서 독보적인 일을 해낸 사람들이다. 하지만 겉으로 보기에 그들과 우리가 크게 다른 것은 없다. 그들 역시 일반 사람들과 똑같이 하루 24시간 만이 주어질 뿐이고, 세끼의 밥을 먹을 뿐이며 하루 7~8시간은 반드시 잠을 자야 한다. 위대한 일을 한 사람과 평범한 사람들의 차이는 단지 열정이 어느 정도인지의 차이뿐이다. 열정은 마음속의 신(神)이라고 했다. 신의 특징은 무엇이든 할 수 있으며, 모든 경계를 무너뜨리며, 모든 장애를 넘어선다. 그리고 당신은 이미 그 신과 함께하고 있다. 이제 해야 할 일은 그것을 끌어내는 방법을 아는 것이다.

열정이 꽃 피어나는 근원

옛날 유럽의 한 영주가 산책길에 자신이 고용한 젊은 정원사가 땀을 흘리며 부지런히 일하고 있는 것을 보았다. 정원사는 정원을 구석구석 아름답게 손질하고 있을 뿐 아니라 나무 화분마다 꽃을 조각하는 일에도 열심이었다. 이 광경을 지켜본 영주는 정원사에게 물었다. "자네는 화분에 꽃을 조각한다고 해서 품삯을 더 받는 것도 아닌데, 왜 그토록 정성을 다하는가?"

젊은 정원사는 이렇게 대답했다. "이 정원을 몹시 사랑합니다. 내가 맡은 일을 다 한 다음에 시간이 남으면 화분에 꽃을 새겨 넣고 있는데, 이런 일이 한없이 즐겁습니다."

이 말을 들은 영주는 젊은 정원사가 너무 기특하고 또 손재주도 있는 것 같아 그에게 조각 공부를 시켰다. 마침내 젊은이는 큰 뜻을 이루었는데, 바로 그가 르네상스기 최대의 조각가요, 건축가이며 화가인 미켈란젤로였다. 그는 '자신이 하는 일에 열의와 기쁨'을 가지고 품삯과는 상관없이 아름다움을 만들어간 것이다. 화분의 나무통에 꽃을 아름답게 조각하는 과정에서 그는 자신의 인생을 아름답게 꽃 피울 수 있었다.

세상의 큰 부자들이 끊임없이 일에 정진하는 이유 역시 비슷하다. 빌 게이츠, 오프라 윈프리, 빌 코스비 등은 모두 부자들이지만, 그들은 돈이 많다는 이유 때문에 일을 그만두지는 않는다. 최소한 일주일에 5일 이상은 반드시 일하면서 바쁜 스케줄을 소화해내고 있다. 그들을 움직이는 것은 바로 열정이며, 그 일을 '사랑하는 마음'이다.

이 열정은 '정신의 심장'이라고 불린다. 심장이 멈추면 육체가 사망에 이르듯, 열정이 멈추면 정신도 사망에 이른다. 생물학적으로는 살아 있을 수 있겠지만, 그저 하루하루 시간을 때운다는 표현이 정확할 것이다. 20살이더라도 하고 싶은 것, 가지고 싶은 것, 원하는 것이 없다면 이미 청년이 아니며, 80살이 되어도 왕성한 호기심을 가지고 있다면 그는 살아 숨 쉬는 청년의 마음을 가지고 있다고 할 수 있다. 신을 찾는 방법은 간단하다. 바로 당신이 사랑하는 것을 찾으면 된다. 이성을 사랑하는 것과 비교할 수도 있다. 이성과 사랑에 빠지면 계속해서 만나고 대화하며 서로를 알아가고 싶다. 마음속의 열정도 마찬가지다. 계속해서 하고 싶고, 더 알아가고 싶고, 하고 있지 않으면 불안해질 정도가 되는 것. 바로 그것이 당신이 사랑하는 것이고, 그것이 바로 열정이다. 그러니 열정의 시작은 바로 사랑이다.

인생에서 느끼는 행복의 차이, 열정

월마트 설립자 샘 월튼은 '위대한 상인'으로 칭송받는다. 그는 생전에 남들이 보기에는 살인적인 일정으로 미국 전역의 상점들을 돌아다녔다. 보통 사람에게는 불가능하다고 할 정도의 강한 체력을 요구하는 일이었지만, 샘에게는 힘든 일이 아니었다. 답은 간단하다. 그는 물건을 파는 일을 진정으로 사랑했기 때문이다.

20대 중반에 단돈 100달러로 시작해, 주식 투자만으로 세계에서 두 번째 갑부가 된 주식의 천재 워렌 버핏은 이런 말을 했다. "여러분과 내가 다른 게 있다면, 나는 아침에 일어나 내가 가장 좋아하는 일을 한다는 점입니다. 매일같이 말이죠. 여러분이 주식에서 뭔가를 배우고자 내게 왔다면 제가 해 줄 말은 이것밖에 없습니다."

사랑하는 일을 찾는다는 것은 그저 단순히 흥미로운 일을 찾음에 그치는 것이 아니다. 이는 곧 당신의 인생 자체를 행복하게 바꾸어버린다. 수많은 사람들이 행복을 찾아 나서지만, 그 비결은 비교적 단순하며, 또한 그 길은 바로 우리 옆에 있다. 사랑하는 일을 찾으면 누가 시키지 않아도 열정이 솟아나고, 그 열정은 삶의 의미와 가치를 새롭게 만들며 스스로 행복하게 만든다.

어느 성당에 돌을 다듬고 있는 석공 세 사람이 있었다. 그것을 지켜보던 한 노인이 "지금 무엇을 하고 있습니까?"라고 물었다. 첫 번째 석공은 이렇게 말했다. "보면 모릅니까. 돌을 깨고 있지 않습니까. 등뼈가

휘도록 일해도 몇 푼 받지 못하죠. 정말 못할 일입니다."

두 번째 석공은 이렇게 말했다. "가족들을 먹여 살리기 위해 일을 하고 있어요. 이런 험한 일은 먹고사는 일만 해결되면 안 할 겁니다."

세 번째 석공에게 묻자 그는 사뭇 행복한 표정으로 이렇게 답했다. "아름다운 성당을 짓기 위해 돌을 다듬고 있습니다. 제가 다듬는 돌은 성당 건물의 일부에 불과하겠지만, 전체 성당이 완성되면 정말 아름다운 건물이 될 겁니다. 할아버지, 성당이 완공되면 꼭 보러 오세요." 그는 이렇게 말하고 다시 콧노래를 부르면서 돌을 다듬기 시작했다.

이 세 명은 모두 동시에 같은 일을 하고 있으면서도 전혀 다른 태도와 자세를 가지고 있다. 앞의 두 명은 그저 마지못해 일하고 있었고, 당연히 행복할 수 없다. 그러나 세 번째 석공은 콧노래를 즐기며 행복하게 일했으며, 그 일이 삶을 즐겁게 만드는 요인이 되었다. 이 차이는 곧 사랑의 차이이자, 열정의 차이이며, 또한 인생에서 느끼는 행복감의 차이가 된다.

사랑으로 시작된 열정은 '가벼운 조증(輕躁症, hypomania)'을 일으켜서 에너지와 창조성을 끌어내고 동시에 삶을 활력 넘치도록 만들어 준다. 존스 홉킨스 의학대학교 심리학 교수, 존 가트너는 『조증의 힘(Hypomanic Edge)』이라는 저서를 통해 이와 같은 사실을 밝힌 바 있다. 그는 가볍지만 매우 기능적인 조증이 성공한 이들의 성격적 특징이라고 분석하면서 이것이 에너지와 창조성을 끌어올리며, 위험을 기꺼이 감수하고 생물학적으로 매우 의욕적인 상태를 유지한다고 했다.

어떤 사람들은 '제 마음 속의 열정이 식어버려서 도무지 어떤 일에도 흥미를 느끼지 못한다'고 말한다. 또한, 다른 이는 '나도 열정적이고 싶지만, 열정을 어떻게 끌어내야 할지 모르겠다'고 한다. 그 이유는 바로 사랑하는 것을 찾지 못했거나, 혹은 찾기 싫어하기 때문이다.

열정에서 몰입으로,
성공과 행복의 비밀

　특정한 대상에 대한 사랑으로 시작된 열정은 당신을 '몰입(Flow)'이라는 새로운 경지로 이끌어 가게 된다. 몰입을 쉽게 표현하면 포커싱(Focusing)이라고 할 수 있다. 햇빛을 돋보기로 모으면 불을 붙일 수 있듯, 에너지를 한 곳에 모으면 엄청난 힘이 생기는 원리이다. 열정은 바로 이런 집중과 몰입의 상태에서 엄청난 에너지를 쏟아내며 자신이 원하는 바를 이루어내는 것을 말한다. 일단 사람은 몰입하면 자기 자신조차도 잊어버리는 심리적인 상태가 된다. 여기에는 행복이 동반되며 마치 물이 흐르듯 자연스럽고 편안한 느낌이 든다. 특정한 일에 집중했을 때 '시간 가는 줄 몰랐다'고 말하는 것이 바로 이런 몰입의 상태에 들어갔음을 의미한다. 몰입은 당신의 열정을 현실적이고 물리적인 힘으로 전환시켜주는 아주 중요한 단계라고 할 수 있다.

누구나 천재가 되는 방법

젊은 시절 에디슨은 하루 평균 18시간씩 일했다. 하지만 그는 이를 오히려 '즐거운 공부'라고 생각했기에 힘들지 않았다. 어느 날 한 친구가 에디슨에게 물었다. "성공을 꿈꾸는 사람은 누구나 자네처럼 하루에 18시간씩 일해야 하는가?"

그러자 에디슨은 다음과 같이 대답했다. "그렇지 않네. 사람은 누구나 깨어 있는 시간 동안 뭔가를 하지. 직장에서 일하든지 집에서 쉬든지, 또는 신문을 읽거나 산책하네. 만일 그들이 7시에 일어나 11시에 잠자리에 든다면 그들은 16시간을 활용한 셈일세. 나 역시 마찬가지라네. 단지 그들과 나의 유일한 차이는 그들은 한꺼번에 많은 일을 하지만, 나는 오직 한 가지에만 집중한다는 걸세. 만일 사람들이 진짜 원하는 한 가지 목표에 집중한다면 그들 역시 성공할 수 있을 걸세. 그러나 문제는 대부분의 사람들이 목표를 가지고 있지 않다는 점이네. 다른 모든 것들을 포기하고 매달릴 단 한 가지 목표 말일세."

서울대 재료공학부 황농문 교수는 '어릴 때부터 쭉 몰입을 하게 되면 누구나 천재가 될 수 있다'고 말한다. 실제 그는 논문을 통해서 이를 입증해보이기까지 했으며, 이 내용은 한 공중파 방송을 통해 실험되기도 했다. 실제 성적이 보통 수준인 남녀 중학교 3학년 10명을 대상으로 사흘에 걸쳐 고교 수학에 나오는 미분 문제를 풀어보게 했다. 사실 미분은 무척 어려운 내용으로서 중학생 정도의 실력으로는 도전이 불가능한 것으로 알려져 있다. 특히 선행학습을 전혀 하지 않은 상태에서 문제를 풀어보라고 했으니 실험을 해보나 마나 그 결과를 알 수 있을 것 같았다. 하지만 결과는 놀라웠다. 개인의 수리적인 능력치에 따라 문제를 풀어낸 시간은 각기 달랐지만, 참여한 10명 모두 주어진 시간 내에 이를 해결했던 것이다. 하지만 이것이 다가 아니었다. 연령대를 낮춰 초등학교 4학년에게도 같은 방식으로 미분문제를 풀게 했다. 학생들은 처음에는 낯선 문제를 받아들고 힘들어 했지만, 생각을 포기하지 않고 도전한 끝에 지식의 한계를 넘어서는 모습을 보여주었다. 이 결과에 대해 황교수는 이렇게 이야기했다. "과거에 미분은 뉴턴 같은 천재만이 할 수 있다고 여겨졌지만, 실제 평균적 머리를 가진 아이들도 생각하면 얼마든지 풀어낼 수 있다. 중요한 점은 오랜 시간을 포기하지 않고 생각하는 것이 이를 가능케 한다. 어린 시절부터 자신의 능력을 최대한 발휘할 수 있는 상태로 쭉 몰입한다면 틀림없이 천재가 될 수 있다."

우리는 흔히 '천재는 애초부터 그렇게 태어난 것'이라고 생각한다. 하지만 현실적인 실험은 결코 그렇지 않음을 알려주고 있다. 뿐만 아니라 어떻게 사람이 천재가 되는가에 대한 구체적인 방법까지 알려준다. 바로 '몰입'이라는 것이다. 몰입은 인간이 가지고 있는 모든 잠재적인 능력을 심층에서부터 이끌어내 완전히 외부로 발산할 수 있도록 도와준다. 어차피 천재도 사람이라면, 모든 사람은 천재가 될 가능성이 있다. 몰입은 특정한 문제를 해결하는 스킬이 될 뿐만 아니라 삶을 성공으로 이끌어주는 계기가 된다.

인생의 선순환을 만들어내는 바퀴

한 불평 많은 청년이 왕을 찾아와 인생을 성공적으로 사는 법을 가르쳐 달라고 졸랐다. 왕은 잔에 포도주를 가득 부어 청년에게 주면서 말했다. "포도주 잔을 들고 시내를 한 바퀴 돌아오면 성공 비결을 가르쳐 주겠다. 단, 포도주를 엎지르면 네 목을 베리라."

청년은 땀을 뻘뻘 흘리며 시내를 한 바퀴 돌아왔다. 그러자 왕이 물었다. "시내를 돌며 무엇을 보았느냐. 거리의 거지와 장사꾼들을 보았느냐. 혹시 술집에서 새어 나오는 노래 소리를 들었느냐?"

청년이 대답했다. "포도주 잔에 신경을 쓰느라 아무 것도 보고 듣지 못했습니다."

그러자 왕이 말했다. "바로 그것이 성공의 비결이다. 인생의 목표를 확고하게 세우고 일에 집중하면 주위의 유혹과 비난에 흔들리지 않을 것이다."

몰입할 수 있으면 생산성이 올라가고 그것이 성과와도 연결된다. 공부를 못하는 학생의 특징은 이런 저런 생각을 하면서 오랫동안 책상에만 앉아 있는 것이다. 일 못하는 직원의 특징도 마찬가지이다. 집중하지 못하면 성과와 연결될 수 없다.

한번은 사회 지도층들의 생활 패턴을 조사한 적이 있었다. 그 결과 그들은 여러 가지 일을 하는 것이 아니라 가장 중요한 일을 먼저 하고, 그것을 똑바로 하고, 또한 끝날 때까지 계속한다. 한 가지 일에 100% 전념하고, 끝날 때까지 한다는 것은 성공의 가장 중요한 요소 중 하나라고까지 말할 수 있다. 결국 무엇인가에 몰입하면 공부든 일이든, 어디에서든 자신이 원하는 만큼의 성취를 얻어낼 수 있다는 이야기이다. 또한 이런 몰입은 자연스럽게 행복과도 연결된다. 이는 아이들의 모습에서 확인할 수 있다. 아이들은 때로는 울면서 떼를 쓰기도 하지만 하루의 대부분을 웃고 떠들며 행복하게 지낸다. 그들이 행복한 이유 중 하나는 쉽게 몰입할 수 있는 능력을 가졌기 때문이다. 모래밭에서 두꺼비집을 짓거나, 숨바꼭질을 하거나, 자전거를 타면서 그들은 다른 생각을 하지 않는다. 경제가 이대로 괜찮은지, 미래에 내가 과연 잘 살 수 있을지, 건강에 이상은 없는지 등의 생각은 하지 않는다. 그들은 현재 하고 있는 일에 몰입할 뿐이다. 그래서 아이들은 몰입을 통해 행복까지 경험하게 되는 것이다.

몰입은 열정이라는 열쇠로 들어가는 본격적인 상승의 길이다. 그곳에는 성취와 편안한 심리적 상태는 물론이고 행복감까지 동시에 존재한다. 인생의 선순환을 만들어내는 첫 번째 바퀴, 바로 그것이 몰입이다.

04

몰입,
그것은 노력의 산물

몰입은 자기 자신조차도 모르게 자연스럽게 접어드는 집중의 과정이 지만, 이를 이루어내기 위해서는 치열하고 의식적인 노력이 수반되어야 한다. 한마디로, 지속적인 훈련 과정을 통해서만 무의식의 몰입 상태로 진입할 수 있다. 그것은 마치 강철이 단련되는 과정과 다르지 않다. 철이 강해지기까지 수없이 단련되는 것과 마찬가지이다.

365일 24시간 대상에 도취된다는 것

몰입 그 자체는 자신을 잊을 정도의 자연스러운 과정이기는 하지만, 몰입하기까지는 치열한 노력이 동반되어야 한다. 과학자, 스포츠인을 비롯해서 자신의 분야에서 탁월한 성과와 창의성을 발휘한 거의 모든 사람들은 몰입을 위해 치열한 노력을 기울인다. 과학자 중 가장 대표적인 인물은 바로 아이작 뉴턴이다. 우리에게도 잘 알려져 있는 만유인력의 법칙은 물론이거니와 미적분을 발명한 그는 자신만의 몰입을 위해

시골로 간 적이 있었다. 유럽에 흑사병이 발병해 수많은 사람이 죽음에 이르고 있을 때였다. 그는 고향으로 돌아가 수년 동안 방에 처박혀 자신만의 연구에 몰입했다. 심지어 그는 빛에 대해 연구하면서 일부러 3일간 깜깜한 방에서 지낸 적도 있었다. 그 이유는 바로 '태양만을 생각하기 위해서'였다. 모든 사물을 어둠 속으로 사라지게 만들고 오로지 자신의 머릿속 태양의 이미지만을 떠올리기 위한 몰입의 한 방법이었던 것이다.

현대에도 몰입을 위한 노력은 마찬가지로 행해지고 있다. 『창조성의 원천』이라는 책의 공저자 신동엽은 한 언론 기고문에서 이렇게 말하고 있다. "세계적 예술가들의 가장 명확한 공통점은 치열한 몰입이었다. 한 명의 예외도 없이 이 예술가들은 일생을 창조적 예술에만 치열하게 몰입하는 불꽃 같은 사람들이었다. 이들 대부분은 예술 이외에는 별다른 취미가 없으며, 휴식이나 여가도 즐길 줄 모르고 자나 깨나 예술만을 생각하는 매우 특별한 사람들이었다. 이들은 예술에만 완전히 몰입한 결과, 삶과 예술이 구분되지 않고 365일 24시간 완전히 예술에 도취된 사람들이기 때문에 사회적으로는 언뜻 바보스러워 보이는 경우가 많다. 그러나 이런 창조적 바보스러움이 창조적 예술의 가장 중요한 힘이자 에너지로 작용하고 있었다."

결국 몰입이란 마치 타인이 주는 '선물'처럼 느닷없이 자신에게 주어지는 것이 아니라 열렬하게 추구했을 때에만 손에 쥘 수 있는 '전리품'과 같은 것이라 할 수 있다.

몰입을 위한 다양한 습관들

특이한 말춤이 어우러지는 노래 '강남스타일'로 세계를 뒤흔들었던 싸이 박재상. 그가 '힐링캠프'라는 프로그램에 출연해서 이야기하는 내용을 들으며 모든 일은 열정과 그것으로 인한 몰입의 결과라는 사실을 새삼 확인한 적이 있다. 평소 TV를 통해 싸이를 보면서 '정말 자신이 좋아하는 것을 직업으로 삼고, 이를 통해 생계유지는 물론 자아실현을 하니 그 얼마나 좋을까?'라는 정도의 생각을 했다. 하지만 그의 진정한 내막은 그것이 다가 아니었다. 매번 4시간 이상 공연하는 그에게 가장 고통스러운 것은 2시간 30분쯤이 경과하면 종아리에 쥐가 나서 더 이상 서 있을 수 없는 상황이라고 한다. 이때 그는 특단의 조치를 내린다. 큰 단을 공중에서 내려오게 하고 DJ처럼 단 뒤에서 노래를 부르며 관객들이 자신의 하체를 볼 수 없게 하는 것이다. 그리고 노래를 부르는 사이, 뒤에서는 트레이너들이 피를 뽑는다. 종아리에 대침을 40~50회 찌르며 피를 뽑아야 계속 공연을 할 수 있기 때문이라고 한다. 이 얼마나 놀라운 열정이자 프로다운 모습인가.

그러나 평범한 우리들도 몰입력을 높이기 위한 몇 가지 단초를 만들 수 있다. 첫 번째는 좋아하는 일로부터 몰입의 습관을 만드는 것이다. 어린 시절 우리가 쉽게 몰입했던 경험을 떠올려 보자. 우리는 문구점에서 사온 인형이나 프라모델 등을 조립해 보거나, 레고와 과학상자 등을 조립하면서 시간가는 줄 몰랐던 경험들을 가지고 있다. 또는 퍼즐 맞추기에서 몰입의 경험을 느꼈던 사람도 있으며, 색칠공부·그림그리기·서예 등 다양한 취미생활에서 몰입을 경험하기도 했다. 무엇이든 좋다. 취미로 할 만한 몰입의 대상을 하나 선정하고, 그 활동을 통해 몰입하는 경험을 느껴보자. 이전에 당신이 너무나도 좋아했던 취미이든, 아니면 새로운 도전이든 상관없다. 무엇인가 푹 빠져 즐길 수 있는 마니아적인 취미활동을 만들어 보자. 이는 새로운 삶의 활력소가 될 것이다.

에너지의 회복과 충전을 위한 이벤트를 만드는 방법도 있다. 이것은 에너지 사용에 대한 일종의 보상 정책이다. 새로운 무엇인가를 얻거나 보상받는다는 기대감은 도파민을 증대시켜 우리에게 활력과 의욕의 에너지를 샘솟게 한다. 이것은 정신적인 비타민으로 작용한다. 집중과 몰입에 대한 보상이라는 차원에서 이벤트를 만들면 스스로 이에 즐거움을 느끼게 되고 다음번의 몰입이 더욱 용이할 것이다.

몰입에는 잠을 활용하는 방법도 있다. 잠은 몰입의 위한 아주 효과적인 도구이다. 2008년 11월「타임즈」온라인 판에서는 특이한 제목의 기사가 실렸다. '인생을 바꿀 아이디어를 기다리는가? 그 문제를 생각하며 잠을 자라.'

이 기사는 실제로 자신이 해결되기 원하는 문제를 생각하면서 잠들면 수면의 전반부에 창의성이 극대화되면서 그 문제가 해결되는 경우가 많다고 말하고 있다. 뿐만 아니라 이런 과정을 거쳤을 경우에는 통찰력이 약 3배까지 올라간다는 보고가 있기도 하다.

마지막으로 '긍정적 라이벌 관계'를 만드는 방법도 있다. 건전한 경쟁은 기분 좋은 자극제가 된다. 또한 다른 사람을 도와주는 관계를 만들 필요도 있다. 열정을 나누어주면 자신의 열정도 더 커지는 법이다. 또한 열정적인 장소에 가보거나, 열정적인 사람을 만나는 것도 방법이다. 그의, 그리고 그곳의 열정이 당신에게 전염될 것이다. 이렇듯 의식적으로, 그리고 자신의 실제 경험을 위주로 몰입을 연습하다보면 어느 덧 무의식적으로 대상에 빠져 있는 자신의 모습을 발견할 수 있을 것이다.

'새로움'이 가져다주는 놀라운 몰입력

강렬한 폭발은 도화선에서 시작된다. 불꽃이 폭약 깊숙한 곳까지 타고 들어가는 길, 그것이 바로 도화선이다. 마찬가지로 열정에도 똑같은 도화선이 존재하는데, 이는 열정이 뿜어져 나오는 특별한 계기들을 일컫는 말이기도 하다. 여러 가지 도화선 중에서도 가장 중요하고 강력한 것은 바로 '새로움'이라는 키워드이다. 이것은 생리학적인 면에서 인간을 자극하고, 도파민이라는 물질을 통해 근원적으로 사람을 변화시킨다. 이 단계에 도달하면 모든 것은 그저 자연스러울 뿐이다. 억지로 할 필요도 없고, 일부러 의지를 낼 이유조차 없어진다. 굳이 고통을 참으려 노력하는 일은 더더욱 필요 없다.

도파민은 사람들에게 여러 기능을 발휘시켜 기쁜 감정을 가져오고 의욕을 불러일으킨다. 특히, 아무도 오르지 않은 산을 오르거나 모험, 마라톤, 좌선 수행, 복잡한 비즈니스 경쟁과 같은 어려운 세계로 향할 때 용기와 의욕을 부여하며, 일에 몰두하고 계획을 세우는 힘을 향상시키는 역할을 한다. 그리고 도파민이 대량 분비되었을 때 뇌의 전두엽은 새로운 것을 창조하거나 새로운 세계에 도전하는 쾌감을 가져다준다. 이때 집중력은 최고에 이르며, 생각지도 못한 창조력을 발휘하거나 갑자기 이제까지의 모든 발상을 초월하는 재치가 번뜩이기도 한다.

신경과학 분야의 연구는 도파민이라는 신경전달 물질이 섭식과 섹스, 마약 복용과 같은 쾌락에 대한 반응으로도 분비된다는 것을 보여주었다. 그러나 실제 이 도파민의 분비는 이런 활동들이 완성되기 이전에 이루어지는데, 이는 도파민이 쾌락과 관련해 분비되기보다는 특정한 상황을 예상할 때 분비되는 화학물질임을 보여준다. 그런데 바로 이 도파민이 흐르도록 하는 결정적 요소가 새로움(novelty)이다. 새로움이란 처음으로 그림을 보는 것, 새로운 단어를 배우는 것, 없었던 모험과 도전을 하는 것 등 거의 모든 것이 포함된다. 인간은 안정을 희구하는 듯하지만 반대로 행복을 열망하는 우리의 뇌는 항상 새로움을 동경하고 있다는 것이다. 따라서 무엇인가에 몰입하기 위해서는 자신의 삶 자체를 모험으로 만들 필요가 있다. 호기심을 자극하고, 도전 의욕에 불을 지르는 모험으로서의 인생은 매 순간 열정적일 수밖에 없다. 당신의 모험심과 호기심, 도전의욕을 자극하는 목표는 무엇인가? 당신이 도전하고 싶은 일은 무엇인가?

05

당신에게는 이미
초인적 능력이
내재해 있다

전 세계인들에게 영화의 즐거움을 선사하고 있는 미국 영화사 마블 (MARBLE)의 캐릭터들은 모두 '초인적 능력'을 전제로 한다. 이른바 '마블 히어로'라고 불리는 그들은 하늘을 날고, 무시무시한 힘을 발휘한다. 평범한 사람들은 인간이 가지지 못하는 그 놀라운 능력에 경탄하고, 대리만족을 얻기도 한다. 하지만 이런 능력은 이미 우리에게도 내재하고 있다. 비록 하늘을 날거나 탈선하는 기차를 한 손으로 잡아 끌어올리지는 못해도, 현재 당신이 생각하고 있는 그 이상의 놀라운 능력을 가지고 있다는 이야기다.

특별한 순간, 당신은 변할 것이다

중국의 허청구이 씨는 쓰촨(四川)성 대지진 당시 벽돌로 된 건물의 잔해에 매몰되고 말았다. 지진 소식을 듣고 달려온 그의 칠순의 노부모는 아들을 살리겠다는 일념으로 무려 5일 동안 거의 맨손으로 벽돌더미를 뒤진 끝에 빈사 상태에 있는 아들 허 씨를 찾아내는데 성공했다. 하지만 아들은 입과 코에서 계속 피가 흘러나오고 복부가 농구공처럼 부풀어 올라 사실상 죽음을 앞두고 있는 상태였다. 칠순 부모는 여기서 다시 초인적인 힘을 발휘했다. 아들을 들쳐 업고 병원을 찾아 이틀에 걸쳐 산길 30㎞를 행군한 끝에 운 좋게 군용차와 마주쳤다. 마침내 허 씨는 군용차에 실려 장요우(江油) 장정병원에 도착했다. 지진이 발생한 지 168시간 만이었다. 병원 의료진은 허 씨의 상태가 심각하다고 판단하고 곧장 수술에 들어갔다. 45분에 걸친 응급 수술이 성공적으로 끝나자 노부모는 안도의 눈물을 흘렸다.

미국의 한 병원에 남의 도움을 받지 않으면 아무 것도 할 수 없는 반신불수의 사람들이 있었다. 그런데 어느 날, 가까운 곳에서 불이 났다. 마침 그날은 강한 바람이 불었고, 불은 바람을 타고 순식간에 병원에 옮겨 붙어 무서운 기세로 타오르기 시작했다. 병원은 눈 깜짝할 사이에 전소되어 흔적조차 찾아볼 수 없을 정도였다. 그런데 놀랍게도 입원해 있던 사람들은 모두 살아 나왔다. 반신불수가 되어 남의 도움을 받지 않으면 아무 것도 하지 못하던 사람들을 포함한 모든 환자가 스스로의 힘으로 살아 나온 것이었다.

문제는 이런 힘이 '특별한 순간'에만 발휘된다는 것이다. 절체절명의 순간이나, 위기 등이 닥쳐야만 우리 안에 잠든 초인적 능력의 봉인이 풀린다. 윌리엄 제임스는 이런 우리의 모습에 대해 '생명의 예비군'이란 표현을 썼다. 이 힘은 한 번 동원되면 아주 강한 힘을 발휘하기는 하지만, 일반적으로는 평생 동안 단 한 번도 동원되지 못하는 경우도 있다. 우리들이 그만한 위기의 순간과 맞닥뜨리는 경우가 많지 않기 때문이다. 따라서 대부분의 사람들은 마치 비타민처럼 '최저 필수량'의 노력만큼만 투여하며 살아갈 뿐이다. 하지만 아주 강렬한 감정이 들 때에, 그 생명의 예비군은 자신의 힘을 드러내고 당신을 초인적 인간으로 유도한다.

우리가 서서히 침식되는 과정

실제 인간이 스스로의 초인적 능력을 드러낸 사례는 매우 많이 찾아볼 수 있다. 1967년 광부 양창선 씨는 지하 125m의 갱 속에 갇혔다가 15일 9시간(368시간)만에 구출됐고, 삼풍백화점 붕괴 당시 박승현 양(당시 19세)은 음식은 물론 한 방울의 물도 먹지 못한 상태에서 17일을 견뎌내고 비교적 건강하게 구조됐다. 지난 2010년에는 칠레의 광부 33명이 매몰된 지 69일 만에 구조되는 드라마 같은 일도 있었다.

이런 사실은 특정한 시점·감정의 상태에서만 벌어지는 일이라고 할 수 있다. 사실 많은 사람들이 좌절 앞에서 우울해하거나 포기하는 경우가 많지만, 실제 '절대적 좌절'이라는 현실을 마주한 인간은 오히려 그 사실을 인정하고 '절대적 의지'를 일으켜 세우는 경우가 많다. 바로 이제까지 잠들어 있던 '초인적 힘'을 끌어 올리는 것이다. 이렇게 보면 우리는 모두 초인적인 능력을 가진 사람들이지만, 현실에서 그런 힘을 활용하지 않고 있을 뿐이다. 현재의 상황이 안락하게 느껴져서, 지금이 평온하고 변화가 싫어서 그러고 있을 뿐이다. 하지만 이 과정은 곧 우리를 알게 모르게 서서히 침식시키는 과정과 동일하다.

일본에서는 코이(KOI)라고 불리는 비단잉어를 관상어로 많이 키운다. 강물에 살고 있는 이 비단잉어는 90~120cm까지 성장한다. 그러나 아주 커다란 수족관이나 연못에 넣어 두면 15~25cm까지 자라고, 작은 어항에 넣어 키우면 기껏해야 5~8cm밖에 자라지 않는다. 스스로 주어진 환경에 적응해버린 탓일 것이다. 이런 사례는 이미 주어진 환경에 굴복하고 적응해버리는 우리의 모습을 반성할 수 있도록 해준다. 물론 모든 일상을 '극한 환경'에서 살아갈 수는 없겠지만, 그로 인해 우리는 초인적인 잠재능력을 잊어버리고 있다고 해도 과언이 아니다.

인간의 정신에도 '관성의 법칙'이 적용되고 있다. 한 곳에 머물러 있을 경우, 계속해서 그것에 머무르려는 경향이다. 외부의 특정한 자극이 없는 한, 우리는 계속 그렇게 정체될 수밖에 없다. 따라서 이런 관성을 이겨내고 스스로 진화하는 사람, 스스로 원하는 것이 있을 경우 초인적인 힘을 낼 수 있는 사람이 되기 위해서는 뜨거운 열정의 온도를 유지할 수 있도록 끊임없는 자극으로 스스로를 깨우는 사람이 되어야 할 것이다.

습관을 전환하고
실천함으로써
도달하는 성공

평생 배움으로 완성해야 할 '나를 빛나게 하는 습관'

습관이란 인간으로 하여금 그 어떤 일도 할 수 있게 만들어 준다.

– 도스토옙스키

잭 핫지의 『습관의 힘』이라는 책을 보면, 다음과 같은 이야기가 나온다. 어떤 나이 지긋한 교사가 어린 학생과 함께 숲속을 걷고 있었다. 갑자기 그 교사가 걸음을 멈추고 근처에 있는 나무 네 종류를 가리켰다. 첫 번째 것은 이제 막 땅에서 올라오기 시작한 작은 새싹이었다. 두 번째는 비옥한 땅에 굳게 뿌리를 내린 어린나무였고, 세 번째 것은 어린 학생만큼이나 크게 자란 나무였다. 네 번째는 거대한 참 나무였는데 어린 학생은 나무 꼭대기를 볼 수조차 없을 정도의 크기였다.

교사는 학생에게 이렇게 말했다. "첫 번째 것을 당겨 보아라." 학생은 손가락으로 쉽게 잡아당겼다.

"이제 두 번째 것을 당겨 보거라." 학생은 두 번째 어린나무를 잡아 당겼다. 조금 힘을 주어 당기자 뿌리까지 모두 뽑혔다.

"이제 세 번째 것을 당겨 보거라." 학생은 한쪽 팔로 당겨 보다가 나무가 꿈쩍도 하지 않자, 두 팔로 있는 힘껏 당겼다. 시간이 조금 걸렸지만, 어린 학생은 나무와의 실랑이 끝에 결국 세 번째 나무를 뽑을 수 있었다.

"그럼 이제…" 교사가 말했다. "네 번째 것을 당겨 보거라." 어린 학생은 거대한 참 나무를 쳐다보았다. 그러나 시도할 엄두조차 나지 않았다. 이 모습을 보며 교사는 다음과 같이 말했다. "얘야, 습관의 힘이란 이런 거란다."

거대한 오크나무. 습관의 힘이란 아름드리 나무와 같다. 오래되고 더 크고 뿌리가 깊게 자리 잡고 있을수록 뽑아내기가 여간 힘든 게 아닐 것이다. 그것이 좋은 습관이든 나쁜 습관이든, 성공 습관이든 실패 습관이든 말이다. 즉, 우리는 완전히 습관을 없애거나 습관으로부터 자유로울 수는 없다.

때문에 성공학자들은 습관에 대해 공통적으로 다음과 같은 말을 들려준다. 바로 "사람이 습관을 만들고, 습관이 사람을 만든다."라는 말이다. 결국, 우리는 습관에서 자유로울 수는 없으므로 나쁜 습관을 좋은 습관으로, 실패하는 습관을 성공하는 습관으로 변화시켜 성공에 더 가까이 갈 수 있도록 해야 한다. 습관이란 일종의 자동항법장치(自動航法裝置)와 같기 때문에 일단 세팅만 해 놓으면 습관이 무의식적으로 우리를 목표로 데려다 줄 것이다.

미국의 교육행정가이자 작가였던, 호레이스 맨은 "습관은 철사를 꼬아 만든 쇠줄과 같다. 매일 가느다란 철사를 엮다 보면 이내 끊을 수 없는 쇠줄이 된다."고 말했다. 습관의 중요성을 깨닫게 해주는 명언들은 참으로 많다. 법구경에는 "습관은 성공한 자의 시녀요, 실패한 자의 주인이다."라는 말과 "녹은 쇠에서 생긴 것인데 점점 그 쇠를 먹는다." 라는 말을 통해 습관이 사람을 지배함을 가르치고 있다. 파스칼은 "습관은 제2의 천성으로 제1의 천성을 파괴한다."고 말했다. 어쩌면 우리가 평생배움으로 완성해야 하는 것은 나를 빛나게 하는 습관일지도 모른다.

성공하는 사람들만의 삶의 비법, '성공 습관'을 묻다

습관이란 한 사람의 삶을 좌우할 만큼 중요한 요소가 아닐까 생각된다. 고난과 좌절 속에서도 꿋꿋이 꿈을 이루어낸 세계 최고의 거부들은 과연 어떤 성공 습관을 가지고 있었을까? 언젠가 어느 TV 프로그램에서 세계적으로 영향력 있는 5인의 성공 습관을 방송한 적이 있는데 다시금 정리해보면 다음과 같다.

1. 빌 게이츠: "다른 사람의 좋은 습관을 내 습관으로 만든다."
명실상부 세계 최고의 부자로 손꼽히는 빌 게이츠 마이크로소프트 회장은 오픈 마인드의 소유자이다. 언제나 새로운 생각, 새로운 도전의식을 가진 사람들의 말과 습관을 귀담아듣고 그것을 자기 것으로 만든다. 이는 결국 빌 게이츠가 갑부의 위치에 올라서도 교만하지 않은 채, 엄청난 리더로 성장하는 발판이 되었다고 한다.

2. 워런 버핏: "나는 보통 사람의 평균보다 5배 정도 더 읽는 것 같다."
온전히 자력으로만 세계 부자 2위에 오른 워런 버핏은 독서광으로 유명하다. 16살 때 이미 사업 관련 서적을 수백 권 독파했을 정도이다. 다음은 워런 버핏의 유명한 일과이다. "나는 아침에 일어나 사무실에 나가면 자리에 앉아 읽기 시작한다. 읽은 후에는 여덟 시간 통화하고, 읽을거리를 가지고 집으로 돌아와 저녁에 다시 또 읽는다." 정보 싸움이 곧 투자의 성공인 주식시장에서 워런 버핏이 미다스의 손으로 불릴 수 있었던 것은 바로 이같이 지독한 독서 습관을 지니고 있기 때문이 아닐까 싶다.

3. 하워드 슐츠: "매일 다른 사람들과 점심식사를 한다."

전 세계에 매장 1만 2천여 개를 보유한 세계 최대 커피 체인점의 주인공, 하워드 슐츠. 그가 무엇보다 중시했던 것은 바로 인간중심의 경영철학이었다. 또한 하워드 슐츠는 다른 사람과 점심식사를 하면서 다양한 사람들을 접하는 습관이 있었는데, 이것이 바로 그의 성공 신화를 뒷받침하는 성공 습관이라 볼 수 있다.

4. 故 정주영 회장: "해보기나 했어?"

방송에 따르면 故 정주영 회장은 생전에 부정적인 의견을 접할 때마다 "해보기나 했어?"라는 말을 입에 달고 살았다고 한다. 끊임없이 도전하고 성취했던 정 회장의 삶과 가치관을 엿볼 수 있는 대목이다. 가난한 집의 장남으로 태어나 초등학교 밖에 나오지 못한 정주영 회장이 한국을 대표하는 자동차 회사와 건설 회사를 건립하게 만든 힘의 원천이 바로 여기에 담겨 있는 것 같다.

5. 오프라 윈프리: "사람들과 쉽게 포옹하라."

오프라 윈프리의 유명한 어록 중엔 "나는 교황과도 쉽게 포옹할 수 있다"는 말이 있다. 그만큼 그녀는 사회적으로 지위가 높건 낮건 간에 쉽게 다가가 편하게 해주는 탁월한 능력을 지녔다는 얘기이다. 특히 출연자들과의 포옹은 오프라 윈프리의 트레이드 마크이다. 토크로 풀 수 없는 정서적 커뮤니케이션을 가능하게 만들어 결국 그녀를 '토크쇼의 여왕' 자리에 올려 놓았다.

이처럼 성공하는 사람들의 공통분모는 좋은 습관을 바탕으로 일상생활을 하고 있다는 것이다. 운동선수, 변호사, 정치가, 의사, 사업가, 음악가, 세일즈맨 등 각자의 분야에서 성공을 거둔 최고의 사람들은 모두 좋은 습관을 가졌다. 그렇다고 그들에게 나쁜 습관이 전혀 없었다는 얘기는 아니다. 하지만 나쁜 습관을 뒤엎기 충분한 좋은 습관들이 있었다. 좋은 습관이 바탕이 되는 일상생활이 보통 사람과 성공한 사람을 구분할 중요한 차이점이다. 잠시 나는 지금 어떤 습관을 창조하고 있는지 돌아보는 시간을 만들어보자.

21일간의 습관 변화를 위한 노력

우리의 잠재적 능력을 일상적 습관으로 만들기 위해서 반드시 기억해야 할 것은 바로 '21일'이다. 에스더 힉스 부부, 나폴레온 힐, 브라이언 트레이시 등 자기계발 전문가들은 새로운 습관이 생기는 데 21일이 걸린다고 이야기한다. 21일간 연속으로 실천하는 것이 바로 새로운 습관을 만드는 임계치라는 의미이다.

우리 뇌에 21일간 반복적인 무엇인가를 주입하면, 뇌는 그것을 '자동화'한다. 뇌가 자동화한다는 것은 무의식화함을 의미하고, 곧 '무의식적 능력 상태'가 된다는 이야기다. 특히 이 과정에서 뇌는 '시스템화'라는 활동을 하게 된다. 사람은 처음 본 것을 신기해하고 특별한 것으로 인식한다. 그러나 이것이 반복되면 나중에는 신기함이나 호기심 없이 자연스럽게 인식한다.

예를 들어 늦잠을 자는 사람도 단 21일만 의식적으로 집중력을 발휘하면 이 습관이 바뀐다. 주변 사람들에게 정해진 시간에 깨워달라고 말하는 것은 물론이고 스스로 '내일은 일찍 일어나야 한다', '무슨 일이 있어도 실수하면 안 된다'며 암시를 걸게 된다. 놀랍게도 21일이 지나고 30일 즈음이 될 경우에는 자신도 모르게 눈을 뜨고 잠에서 깬다.

이렇게 습관을 만드는 21일의 힘은 이미 미국과 우주항공국(NASA)는 물론이고 러시아의 우주인 훈련 프로그램에서도 주목해왔다. 우주인들은 극한의 상황에서 활동해야 하는 만큼, 최적의 훈련을 거쳐야 하는 것은 당연한 일이다. 그런데 이런 우주인들의 훈련 역시 정확히 21일간 지속된다. 만약 중간에 이 기간이 무산되면 그 기간을 빼고 훈련하는 것이 아니라 다시 처음부터 21일을 카운트하게 된다. 이는 우주인들이 의식하지 않는 상태, 즉 무의식 상태에서도 임무를 수행하기 위한 습관 형성의 과정인 셈이다.

의학적으로도 이 21일은 상당히 중요한 의미를 가지고 있다. 설탕이나 카페인, 니코틴 등의 해로운 음식을 끊기 위해서도 최소한 21일의 적응기간이 필요하다고 한다. 이 기간 동안 우리 몸의 세포는 전반적인 재탄생의 과정을 거치게 되면서 과거의 약물에서 스스로 이겨낼 수 있는 힘을 갖추기 때문이다.

심지어 동물의 세계에서도 21일간은 변화를 위해 노력하는 기간이다. 잉태된 병아리가 달걀 안에서 머무는 기간은 21일이다. 그동안 영양분을 섭취하며 성장하다가 21일 이후에는 알을 깨고 나오게 된다.

결국, 우리가 습관을 바꾸기 위해서 1~2년 동안 계속 스트레스를 받으며 노력할 필요는 없다. 채 한 달도 되지 않는, 21일이라는 기간이 원하던 습관을 몸에 익숙하게 만들어주고, 그 이후에는 단지 흔들리지 않게 그것을 자연스럽게 유지하면 된다.

불후의 명작이 탄생한 비결, 열정

1849년 12월, 어느 날이었다. 러시아 소설가 도스토옙스키는 농민반란 선동혐의로 얼어붙은 상트페테르부르크 광장에 세워졌다. 고작 몇 달간의 유배를 예상했던 그에게 돌연 총살형이 내려지고 두건이 얼굴에 씌워졌다. 병사가 소총을 들어 그의 심장을 겨누었다. 그와 나머지 죄수들은 교수대 앞까지 행진해 두 줄로 섰다. 지독하게 추운 날이었는데도 불구하고 죄수들은 모두 체포될 때 입었던 얇은 옷 그대로였다. 둥둥둥, 북소리가 울려 퍼졌다. 죽음 앞에 선 그는 만약 여기서 살아간다면 '내 삶은 매 초가 한 세기를 살아가는 것처럼 느껴질 것이다. 스쳐가는 모든 것을 소중하게 여기리라. 인생의 단 1초도 허비하지 않으리라.'고 스스로에게 맹세했다.

도스토옙스키는 앞줄에 서서 자기 차례를 기다리고 있었다. 천운일까. 그때 마차 한 대가 질주하며 광장에 들어섰다. 사형 대신 유배를 보내라는 황제의 전갈이었다. 그날 밤, 도스토옙스키는 담담한 어조로 동생에게 편지를 쓴다. "지난 일을 돌이켜보고 실수와 게으름으로 허송세월했던 날들을 생각하니 심장이 피를 흘리는 듯하다. 인생은 신의 선물이다. 모든 순간은 영원의 행복일 수도 있었던 것을! 젊었을 때 알았더라면! 이제 내 인생은 바뀔 것이다. 다시 태어난다는 말이다."

시베리아 유배기간 4년은 그의 인생에서 가장 값진 시간이었다. 살을 에는 혹한 속에서 무려 5kg에 가까운 쇠고랑을 팔과 다리에 매단 채 창작생활에 몰두했다. 글쓰기가 허락되지 않았기 때문에 머릿속으로 소설을 쓴 후 모조리 외워두었다.

1857년 남은 형기를 보내고 있을 무렵, 마침내 작품을 출간해도 좋다는 허락을 받았다. 그는 미친 듯이 글을 써내려갔다. 어떤 이들은 그가 감옥에서 보낸 시간을 애석하게 여겼다. 그럴 때마다 그는 오히려 화를 내면서 자신은 그 경험에 대해 감사하고 있으며 어떤 괴로움도 느끼지 않는다고 말했다. 그는 1881년, 죽는 날까지 미친 듯한 열정으로 『죄와 벌』, 『악령』, 『카라마조프의 형제들』 등 대작을 잇달아 내놓았다. 마치 매일이 마지막 날인 듯 살면서 말이다.

사실 사형선고는 잘 꾸며진 연극이었다. 당시 러시아 황제는 문단의 과격파에게 모진 교훈을 주기를 원했고, 그래서 사형선고라는 잔인한 연극을 꾸몄던 것이다. 죄수 몇몇들은 그날 사건 이후 미쳐 버렸다. 하지만 도스토옙스키에게 일어난 변화는 전혀 달랐다. 뼛속 깊이 죽음을 느끼고 '사면'의 순간을 재탄생의 경험으로 인식했다. 다시는 자신의 삶을 한 순간도 허비하지 않겠다는 다짐을 하곤 했다. 만약 그때 잘 꾸며진 사형선고를 받지 않았다면 도스토옙스키는 그런 명작들을 인류에게 선사할 수 있었을까?

영웅의 여정(Hero's Journey)

❶ 당신이 직면해야 하는 '악마(도전)'는 무엇인가요?
당신 자신이 '영웅'이기보다 '희생자(victim)'로 느껴지는 상황은 무엇인가요?

❷ 당신의 '경계선(Threshold)'은 무엇인가요?
위기가 닥쳤을 때나 위기를 다루기 위해 들어가야 하는 당신의 안전지대(Safety Zone) 밖 미지의 영역은 무엇인가요?

❸ 당신이 넘어야 하는 경계선과 악마를 직면했을 때, 당신을 '앞으로 나아가게 하는 소명(call to action)'은 무엇인가요?
이 소명을 받아들인다면 당신은 무엇이 될 수 있을까요? 은유나 상징으로 답해보세요.

❹ 도전에 직면하고 당신의 경계선을 넘어 소명을 성취하기 위해 당신이 가지고 있는 자원은 무엇이며, 그중 어느 것을 더욱 개발할 필요가 있을까요?

❺ 그러한 자원을 위해 누가 당신의 수호천사(보호자: guardian)가 될까요?
그 보호자들이 당신을 지지하기 위해 당신 주위에 있다고 상상해보세요.
보호자 각각의 신을 신고 그들의 눈으로 당신을 바라보세요{2차 입장: 분리(disassociation)}.
그들의 메시지를 반영(Reflection)해보세요{1차 연계(association)}.

열정에너지 Up & Down

📱 냉정(冷情): 에너지가 가장 부족했던 순간

🔋 열정(熱情): 에너지가 가장 넘쳤던 순간

지금까지 살아오면서 열정 에너지가 가장 부족했던 순간은 언제였나요? 지금까지 살아오면서 열정 에너지가 가장 넘치는 순간은 언제였으며 어디서, 누구와, 무엇을 할 때였습니까? 그때 그 순간의 기억을 되살리고, 기분과 느낌을 오감으로 표현해 보십시오. 무엇이 보이고, 무엇이 들리고, 무엇이 느껴졌나요?

에너지의 불순물 제거하기

나의 열정을 방해하는 요인들을 적어보십시오.

열정을 방해하는 불순물

예: 나도 모르게 손이 가는 휴대폰 게임

이런 불순물은 나의 열정과 에너지에 어떠한 영향을 미치나요?

불순물이 열정과 에너지에 미치는 결과

예: 허탈감을 느끼고, 힘이 빠진다

이 불순물, 나의 열정을 식게 하는 방해요인을 어떻게 이길 수 있을까요?

열정을 방해하는 불순물

예: 일하거나 공부할 때는 휴대폰 전원을 끄거나 다른 방에 둔다

블루오션 ERRC 전략(제거, 감소, 증가, 창조)

제거
Eliminate

창조
Create

감소
Reduce

증가
Raise

더 멋진 나, 더 나다운 내가 되기 위해 일상에서 삶에서
- 제거해야 하는 것들을 적어보십시오. 단호하게 끊어버려야 할 습관, 멈춰야 할 생각, 활동 등을 적어보십시오(예: 부정적 언어 사용, 흡연, 부정적인 생각 등).
- 조금 줄이거나 감소시켜야 할 것들을 적어보십시오(예: 의미 없는 TV시청, 너무 빈번한 음주, 핑계대기 등).
- 조금 늘리거나 증가시켜야 할 것들을 적어보십시오(운동시간, 운동횟수, 독서시간, 일기 쓰는 시간, 봉사활동 등)
- 새롭게 창조하거나 시작해야 할 것들을 적어보십시오(예: 제3외국어 공부, 새로운 취미생활, 새로운 모임 등)

3단계

마음(Mind),

모든 것에 앞서는 원초적 진리

현대인들은 '이원론'에 익숙하다. 물리적인 세계와 정신적인 세계가 각각 따로 존재한다고 믿으며, 서로에게 영향을 미칠 수 없다고 생각하는 것이다. 특히 근대적 합리주의가 번성하면서 우리는 정신적 세계보다 물리적 세계에 더 많은 의미를 부여하기 시작했다. 그런 만큼, 정신적 세계는 점점 더 초라해지고 말았다. 그러나 이원론의 껍질을 깨고 나오면 그곳에는 **세상을 움직이는 빛나는 진리, 바로 정신의 세계를 이루고 있는 마음이 오롯이 그 모습을 드러낸다.** 그것은 물리적 세계와 배치되는 '또 하나의 진리'가 아니라 물리적 세계까지 변화시키는 '원초적 진리'이다.

01

무명(無明)과 착각에서
빠져나와 존재하라

공포는 무지에서 나온다
- 에머슨

수영할 줄 모르는 사람의 문제는
수영장을 바꾼다고 해결되지 않고
일하기 싫은 사람의 문제는
직장을 바꾼다고 해결되지 않으며
운동을 모르는 사람은
약을 먹는다고 건강해지지 않으며
사랑을 모르는 사람은
상대를 바꾼다고 행복해지지 않는다.

어떤 조건이 나를 행복하게 또는 불행하게 한다는 착각에서 나오는 것이 어웨이크너의 첫걸음이다. 모든 것의 원인이 나임을 아는 것, 모든 것의 시작이 나임을 아는 것은 자신의 탁월성을 찾아가는 여정이다.

착각에서 깨어난다는 것은 우리가 자신의 안경으로 사람과 세상을 본다는 사실을 알아차리는 것이다. NLP(Neuro – Linguistic Programming)에서 설명하는 바로는, 개인이 가지고 있는 프레임으로 세상을 본다는 것을 아는 것이다. 착각에서 빠져나온다는 것은 우리 의식의 밝기를 높이는 것이다. 깜깜한 무명(無明)과 지혜가 없는 어둠에서는 100마리의 뱀이 나를 공포에 떨게 하지만, 어둠에서 벗어나면 그 뱀들은 새끼줄에 불과하다.

대부분의 공포와 두려움은 나의 무지 때문임을 아는 것이 착각에서 벗어나는 길이다. 이 착각은 무의식 깊은 곳에 자리 잡아 우리의 순수 의식을 가리고 있다. 진아(眞我, 참 나)라고 하는 본성을 가리고 있는 것이다. 우리가 완전한 존재, 이미 다 이룬 존재임을 모르고 오히려 부족한 존재, 미흡한 존재, 외부의 그 누군가에게 의존해야 하는 존재로 인지한 상태에서의 모든 노력은 공염불이다. 내가 내 삶의 근원이라는 것, 내가 내 인생의 창조자라는 것, 지금 내가 살고 있는 인생은 내 마음 세계의 반영이라는 것, 내게 다가오는 모든 행운과 불행은 나로부터 시작했음을 모르는 채 행하는 모든 자기계발의 노력은 마치 사이드 브레이크를 잠그고 액셀을 밟는 수고일 뿐이다. 건강을 위해서는 수많은 건강식과 보약 이전에 디톡스 요법이 선행되어야 한다. 이처럼 나도 모르게 나를 잡고 있는 몸과 마음의 습관을 돌아보고 떨쳐내는 것은 나답게 존재하기 위한 전제이다. 나를 붙잡고 있는 착각에서 나와야 한다. 사이드 브레이크를 풀지 않고 어떻게 달린단 말인가!

이를 위해서는 자신의 마음을 들여다보는 일이 필요하다. 이는 그 자체로 좋은 훈련이기도 하다. 잠깐의 명상이라도 집중할 수 있는 힘이 있다면 큰 성장을 가져올 수 있다. 명상에서 가장 좋은 방법 중 하나는 나를 객관적으로 보는 관찰자적 관점을 유지하는 일이다. 자신과, 자신의 생각을 지켜보자. 물론 처음 자리에 앉아 마음을 고요하게 하면, 이내 여러 생각들이 튀어 오를 것이다. 하지만 이것들을 지속적으로 흘려보낼 때 더 고요한 상태에 도달할 수 있다. 이처럼 마음을 철저하게 조사한다면, 마음이라는 것은 존재하지 않는다는 사실을, 그리고 마음이란 단지 환상임을 알게 된다. 마음이 흘러가게 놓아두고 그저 지켜볼 필요가 있다. 마음을 그저 지켜본다는 것은 그 자체로 이미 대단한 일이다. 이렇게 되면 마음의 근원으로 거슬러 올라갈 수 있고, 결국 그것은 무엇도 아님을 알게 될 것이다.

02

내 마음이라는
'한 물건'을 사용하는 법

그대는 번뇌가 불타는 집에서 기나긴 고통을 달게 받으려는가. 일백 뼈마디 문드러지고 흩어져서 불로 돌아가고 바람으로 돌아가지만, 귀한 '한 물건'은 신령하여 하늘도 덮고 땅도 덮는다. 아~ 슬프다. 지금의 사람들이여! 미혹해서 진리가 있어도 진리를 보지 못하고 밖에서 찾는구나. 아무리 굳은 뜻을 가지고 티끌 같은 세월을 지내도록 몸을 불사르고, 팔을 태우며, 뼈를 두드려서, 골수를 내며, 살을 찔러서 그 피로 경전을 쓰며, 눕지도 않고 온갖 고행을 닦을지라도 진리를 모르면 모래를 쪄서 밥을 지으려는 것과 같아 자못 더욱 스스로 수고로울 뿐이다. 다만 자기의 마음을 알면 갠지스강 모래 같은 수많은 법문과 한량없는 오묘한 뜻을 구하지 아니하여도 얻을 수 있으니 그것은 '오묘한 마음의 법칙을 아는 것'이다. 과거의 모든 깨달은 이는 이 마음을 밝힌 사람이며, 현재의 모든 어진 이와 성현도 또한 마음을 닦은 사람이고, 미래에 닦고 배우는 사람들도 마땅히 이와 같은 방법에 의지하리니 모든 도를 닦는 사람은 간절히 밖에서 구하지 말지어다.

몇 년 전부터 고등학교『고전과 윤리』과목의 교과서에 실리게 된, 고려시대 보조국사 지눌 선사의 '수심결(마음을 닦는 요결)' 일부분이다. 어찌 천 년 전 이미 우리의 길흉화복은 우리의 마음에 달려 있다며 그 마음 법칙을 아는 것이 행복한 삶의 지름길이라 적시할 수 있었을까? 우리는 이미 선험적으로 알고 있다.

　아무리 부와 명예를 가지게 되더라도 그것은 일시적 허상일 뿐 행복과는 관련 없다는 것을. 실제로 세상에 나가 이름을 날리고 사회에서 이야기하는 큰 성공을 한 사람이라도 해도 만약 그가 어떤 지위나 명성만을 위해 살았거나, 다른 이들에게 근사해 보이거나 칭송받기 위해서만 살아온 사람이라면 불행하다는 것을.

　'신의 존재를 어떻게 증명할 수 있는가?', '신이 인간을 사랑했다면, 왜 고통과 불행과 죽음을 주었는가?', '영혼이란 무엇인가?'…. 한국 최고의 부자 이병철 회장이 죽음을 앞두고 카톨릭 사제에게 던진 질문을 보면, 채워도 채워도 채울 수 없는 궁극의 질문은 물질계에 있는 것은 아닌 것 같다. 모두들 도를 말한다. 허나 구체적인 방법을 이야기하지 않는 철학이나 이데올로기는 우리를 변화시키는 어떠한 도구로도 작용하지 않는다.

　4차 산업혁명 속 작금의 우리 평생교육이 놓치지 말아야 할 것은 환경에 적응하는 힘을 키우거나 특정한 행동을 잘 하는 교육, 지식을 습득하고 취·창업에 도움이 되는 교육적 환경을 만드는 것 못지않게 요람에서 무덤까지 내 마음이라는 '한 물건(참 나 또는 나의 본성)'의 사용법을 익히고 배우는 노력이다.

　고교 교과서에 마음을 다루는 법칙 '수심결'이 다뤄지는 반가움에도, '한 물건'이 평생교육의 테마가 되는 경우를 쉽게 만나지 못하는 아쉬움에 마음은 여전히 헛헛하다. 아무리 산천초목을 호령하는 권력을 가졌다 해도 죽음 앞에서 나약해지고, 천하를 삼킬만한 부를 가지고 있어도 병 앞에선 심약해짐을 우리는 알고 있다.

결국 우리 인생은 마음이라는 '한 물건'을 어떻게 다루느냐의 게임이다. 마음으로 온갖 일들을 다 하면서 마음대로 잘 못하는 것이 우리다. 마음에게 항복 받는 것, 마음의 주인으로 살아가는 것이 모든 공부의 궁극적인 목표가 아닐까? 마음을 먹어야 마음이 말을 듣기 시작한다. 큰 마음을 내야 한다. 자신이 내기에 따라서 저 바다보다도 넓어질 수 있는 것인 반면, 좁고 옹졸해지면 바늘 하나 꽂기 어렵다. 마음 문이 닫히면 옳은 것을 받아들이기 어렵고, 은혜 입고 사랑받으며 살아온 사람조차 다가올 수 없다.

유일한 길은 '한 물건'인 마음을 이해하고 마음을 제대로 내는 것이다. 이것만이 마음을 지배하는 일이고, 인생의 행복 길이고, 아름다운 커뮤니티를 만들어내는 큰 길이다. 시험에 나올 만한 것을 공부하고, 조금 좋다는 학교에 진학하는 것이 교육의 전부가 되어버린 대한의 교육에서 '마음 닦는 법'이 교과서에 실린 우연이 필연이 되어 온 국민이 마법사(마음 법칙을 알고 사용하는 사람)가 되는 것이 평생교육의 화두가 되기를 꿈꿔본다.

내가 경험하는 모든 것이 삶의 지혜가 되고, 만나는 모든 이가 스승이 될 수 있도록 하는 묘법은 학위를 받는 것도, 자격증을 따는 것도, 힘 있는 존재와 함께하는 것도, 큰 조직의 일원이 되는 것도 아닌 바로 마음을 지배하고 다스리는 법을 아는 것임이 상식이 되는 그날이 오면, 원래부터 고독한 인생길의 모든 성공과 실패, 외로움과 괴로움은 참 성장을 위한 영양제가 될 것이다. 바로 '한 물건'의 작동방법과 원리를 안다면!

03

생각과 의식이
창조해내는 현실

같은 꽃을 보고도
한숨지으며 눈물 뿌리는 사람이 있고,
웃고 노래하는 사람도 있습니다.

그렇다고
노래하는 꽃이,
눈물 뿌리는 꽃이, 따로 있나요?

자기 마음을 중심으로
세계가 벌어지는 것이지요.

-서암스님

어웨이크너는 언제나 깨어 있고, 빨리 알아차린다. 미국 대통령 도널드 트럼프는 비즈니스맨 시절, '뉴욕은 지뢰밭이다. 자신이 무엇을 하고 있는지 모르는 사람은 발목이 날아가기 십상이다.'라고 이야기했다. 어웨이크너는 언제나 '너는 누구인가(Who are you?)'라고 스스로에게 하는 질문으로 하루를 살고, 1년을 살고, 100년을 살고, 1천 년을 살아가려 한다.

뿐만 아니라 자신이 창조자임을 안다. 생각과 의식이 현실을 창조한다는 것을 정확히 알고 있다. 어떤 나쁜 일이 일어난다면 오직 자신이 그 원인임을 안다. 그것을 바꾸는 사람 또한 결국 자신임을 안다. 자신 안에 있는 '원인 생각'을 발견하게 되면 자신이 사건의 주도권을 쥔다는 것도 안다. 어웨이크너는 불편한 경험을 한다면 스스로에게서 답을 찾으며 이렇게 묻는다. "이 뒤에 있는 에고의 동기가 뭐지? 지금과 달라지기 위해 이 상황에서 내가 무엇을 하길 원하지?"

그리고 그것을 발견하고 놓아준다. 어웨이크너는 근심거리란 일어나기를 원하지 않는 일이 일어날지도 모른다는 조바심임을 알아차리고, 오직 원하는 일만이 일어나기를 기대한다. 화내거나 질투하고 증오하지 않으며, 또한 세상 사람들에게 반응하면서 살지도 않는다.

어웨이크너는 의식과 생각이 모든 것을 창조한다는 것을 알고 있기에 아무것이나 보지 않고, 아무 말이나 하지 않는다. 내가 보고 말하는 것이 나의 현실을 창조하고, 미래를 창조하고, 인생을 창조한다는 것을 알기 때문이다.

또한 의식은 참과 거짓을 구분하지 못한다는 사실을 정확히 알고 삶에 적용한다. 우리가 육안으로 현실을 보아도 뇌에는 홀로그램으로 비치게 되는데, 반대로 육안이 아닌 상상 속 이미지를 그려도 뇌는 똑같이 육안으로 보는 것과 같은 홀로그램으로 인식한다. 우리의 마음과 뇌는 파동의 패턴을 통해 사물을 인식하고 있기에 현실이든 상상이든, 모든 것을 동일한 것으로 취급한다. 따라서 우리가 상상하는 그 무엇이든, 결국에는 '현실'이 되기 마련이다.

어웨이크너는 '나는 누구인가'라는 질문을 붙들고 행위자가 아닌 '관찰자'로서 존재하는 위대한 작업을 언제나 알고 있다. 매순간 잊지 않고 있다. 어웨이크너는 언제나 관찰자의 관점을 유지한다. 지각적 입장을 매번 바꾸며 나를 관찰한다. 내가 되고, 타인이 되고 때에 따라서는 신의 눈으로 자신을 바라본다. 그저 바라본다. 그리고 그것이 자신이 누구인지를 온몸으로 느끼는 최고의 훈련임을 알고 있다.

또한 우리는 이를 통해 세상에서 벗어나는 존재가 될 수 있다. 세상에서의 삶은 한계의 영역에 있기 때문에 고통을 낳을 수밖에 없다. 따라서 세상에 있지만 세상에 속하지 않을 필요가 있다. 우리는 자신의 생각과 홀로 있는 것을 견딜 수가 없게 될 때 오락거리를 찾게 된다. 하지만 무엇인가를 견디지 못해서 찾는 사교와 오락거리는 시간낭비일 뿐이다. 왜냐하면 우리가 진정으로 찾고 있는 영속적이고 무한한 기쁨이 그곳에는 없기 때문이다. 또한 다른 이들이 원하지 않을 때, 우리가 그들에게 말하는 것은 옳지 않다. 명상 속에서 풀어내거나, 이기심 없는 봉사에 시간을 보내는 것이 가장 유용하다. 사람들이 깨달음을 얻지 못하는 큰 이유는 그들이 깨달음보다 세상의 물질계에 더 많은 욕망을 가지고 있기 때문이다. 이 세상이 진짜라고 하는 믿음이 우리들의 습관적인 생각들로부터 빠져나오는 것을 어렵게 만드는 원인이다. 세상에서 기쁨을 찾고자 하는 것이 깨달음을 불가능하게 만든다.

04

마음이 사실보다
더 중요한 이유

'사실(Fact)'이라는 것은 무소불위의 힘을 가지고 있는 것처럼 여겨지기도 한다. 인간의 생각이나 마음으로는 절대 변하지 않는 것, 그래서 외부 환경이 어떻든 간에 결코 변하지 않는 것을 우리는 사실이라고 말하기 때문이다. 하지만 그것은 반은 알고 반은 모르는 것이라고 할 수 있다. 사실보다 더 중요한 것은 바로 우리의 마음이기 때문이다. 우리는 어떤 마음도 가질 수 있다. 마음을 갖는 데에는 제한이 없다. 돈이 더 드는 일도 아니며, 힘이 더 드는 일도 아니다. 다만, 자판기에서 버튼을 누르듯 '선택'하면 되는 문제이다. 우리는 마음을 바꿈으로써 종국에는 사실마저 바꿀 수 있다.

인생의 90%는 반응

유대인이자 정신과 의사인 빅터 프랭클은 제2차 세계대전 기간 중 유대인 집단수용소에 투옥되었을 당시를 회상하면서 다음과 같이 말했다. "집단 수용소에 수감되어 있던 사람들이라면 죽기 전에 자신들이 가진 마지막 빵까지 나누어 주면서 친지들을 위로하려고 막사를 찾아다닌 사람들을 기억할 것이다. 그런 사람들의 숫자는 소수일지 몰라도 그들의 행동은 중요한 사실을 충분히 증명해 주었다. 사람들은 한 가지를 제외한 모든 것을 빼앗아갈 수 있다. 그 한 가지는 인간에게 있어 최후의 자유, 즉 어떤 상황에서도 자신의 행동을 선택할 수 있다는 것, 즉 자신의 운명을 선택할 수 있다는 사실이었다."

즉, 그는 어떤 극한 상황일지라도 주도적인 태도를 선택하면 인간에게 있어서 최후의 자유를 얻게 된다는 사실을 깨달았다. 수용소의 상황을 자기 마음대로 움직일 수는 없었으나 수용소의 모든 일들로부터 영향을 받고 안 받고의 여부는 스스로 결정할 수 있는 관찰자의 의식을 회복했던 것이다. 그리고 그는 결국 살아남아 수용소에서의 경험을 토대로 로고테라피(Logotheraphy, 의미치료)라는 새로운 정신요법을 발표했다. 빅터 프랭클의 경험은 반응을 다루고자 하는 우리의 시도에 커다란 확신을 주고 있으며 다음과 같은 교훈을 안겨 주었다. "사건(자극)은 다룰 수 없어도 그것에 대한 반응은 다루고 선택할 수 있다. 반응을 다루고 선택할 수 있으면 사건도 다룰 수 있다."

척 스윈돌 교수는 다음과 같이 말했다. "내게 있어서 태도는 교육, 재산, 환경, 성공과 실패, 그리고 다른 사람들이 생각하고 말하고 행동하는 것보다 더 중요하다. 또한 태도는 외모나 타고난 재능, 기술보다 더 중요하다. 태도는 회사, 교회, 가정을 일으키기도 하고 무너뜨리기도 한다. 중요한 것은 우리는 하루하루 자신이 취하는 태도를 선택할 수 있다는 사실이다. 지나간 과거를 바꿀 수는 없다. 또한 특정한 방식으로 행동하는 사람들을 변화시킬 수도 없다. 결국 우리는 우리가 바꿀 수 있는 것을 선택할 수밖에 없다. 바꿀 수 있는 것이란 바로 태도다. 삶은 자신에게 일어나는 일 10%와 그 일에 대한 자신의 반응 90%로 이루어진다. 그것은 당신에게도 예외가 아니다. 자신의 태도에 대해 책임져야 할 사람은 오직 자신이다."

스윈돌 교수의 말처럼 삶에 있어서 객관적 사실은 인생을 통틀어 겨우 10%에 불과하고, 나머지 90%는 그 일들에 대한 우리의 반응이다. 즉, 우리의 반응이 마음을 바꾸고 그것이 똑같은 현실도 전혀 다르게 느끼도록 만들 수 있다는 것이다. 이는 곧 현실의 사실이 바뀐다는 것을 의미한다.

존 호머 밀스는 "삶이란, 우리의 인생 앞에 어떤 일이 생기느냐에 따라 결정되는 것이 아니라, 우리가 어떤 태도를 취하느냐에 따라 결정되는 겁니다."라는 말로 마음의 중요성을 설명한다. 즉, 우리의 인생에 있어 진정으로 중요한 것은 사실 그 자체가 아니라, 마음이다. 마음은 사실보다 훨씬 더 중요하다.

05

우리의 인생을 바꾸는
마인드 게임

우리의 인생은 하나의 '게임'이라고 해도 과언이 아니다. 한정된 시간, 한정된 자원을 가지고 얼마나 더 많은 행복을 만들고 성공을 쟁취하느냐의 게임이다. 그러나 이 게임은 또 한편으로 '마인드 게임'이기도 하다. 즉, 마음을 바꾸어 게임의 판도와 룰까지 바꿀 수 있다는 이야기이다. 마음은 온전히 스스로의 것이기 때문에 한편으로는 매우 쉬운 게임이기도 하다. 그냥 자신이 옷을 입듯 입으면 되는 것이다. 검은 옷을 입듯 검은 마음을 갖든가, 흰 옷을 입듯 흰 마음을 가지면 되는 단순한 논리다. 그러나 이 작은 행동의 차이가 엄청난 차이의 결과를 가져온다.

긍정적인 왜곡의 필요성

조금 있으면 아빠가 될 한 사내가 병원 분만실 앞 복도에서 초조하게 서성이고 있었다. 분만실 문이 열리고 의사가 나왔다. 그가 이렇게 말했다. "아들입니다. 그런데 귀가 없는 채로 태어났습니다. 평생을 청각장애인으로 살아야 합니다."

그러나 아버지는 의외로 차분하게 대답했다. "귀가 없이 태어났더라도 그것 때문에 평생을 청각장애인으로 지내지는 않을 겁니다."

의사는 이에 대해 말을 이어갔다. "선생님의 심정을 이해합니다. 하지만 현실을 있는 그대로 받아들이는 편이 좋습니다."

그로부터 25년 후 한 의사가 손에 X선 필름을 들고 진료실로 들어왔다. "정말 기적입니다. 이 청년 머리의 모든 각도에서 X선 촬영을 해보았지만 청력기관의 흔적은 어디에서도 찾아볼 수 없었습니다. 그런데도 이 청년은 정상인의 청력 65%를 갖고 있습니다."

귀가 없는 채로 태어난 장애를 숙명적 천형으로 받아들이기를 거부한 아버지는 바로 '나폴레온 힐'이었다. 그는 9년 동안 아들의 청력을 회복시키기 위해 엄청난 시간과 노력을 기울였다. 그 결과 아들의 청력을 정상인의 65%까지 회복시킬 수 있었다. 이 비밀을 밝혀주는 결정적인 단서는 바로 '마음'에 있었다. 나폴레온 힐은 마음의 힘을 잘 아는 사람이었다. 때문에 그는 사실을 있는 그대로 받아들이지 않았다. 긍정적으로 사실을 왜곡해 받아들이는 마음을 선택한 것이다.

닉은 철도 선로 작업반에서 열심히 일하는 건장한 사람이었다. 그런데 늘 좋지 않은 상황을 가정하며 걱정을 끌어안고 사는 단점이 있었다. 어느 날, 닉은 우연히 작업장 빈터에 수리 차 세워 놓았던 냉동차 안에 갇히고 말았다. 겁이 많았던 닉은 문을 차면서 소리를 질렀으나 아무 소용이 없었다. 목소리는 점점 가라앉고 주먹에서는 피가 났다. 닉은 생각했다. "내가 여기를 나가지 못하면 얼어 죽겠구나."

안절부절 못하던 닉은 바지 주머니를 뒤져 메모지 한 장을 찾아냈다. 그는 벌벌 떨면서 부인과 가족에게 간신히 한 자 한 자 적어 내려갔다. "너무 추워 몸이 감각을 잃기 시작했어. 이대로 잠이 들면 이 말이 마지막 인사가 될 거요."

다음 날 아침, 작업반원들이 냉동차의 육중한 문을 열고 닉의 시체를 발견했다. 부검 결과 동사였다. 하지만 그 차의 냉동기능은 고장이 나서 내부 온도는 16℃였다. 닉은 사건에 대해 부정적인 마음이라는 버튼을 선택하고 가짐으로써, 결국 최후를 맞이했다.

패배할 것이라고 생각하면, 패배한다

런던의 킹스 칼리지(King's College)에서 57명의 유방암 환자들을 대상으로 연구조사를 했는데, 불굴의 생존 투지를 갖고 병마와 싸운 환자들의 70%(10명 중 7명)가 10년이 지난 뒤에도 계속 생존했고, 암 진단을 받고 포기하고 낙담한 환자들의 80%(5명 중 4명)가 10년 안에 모두 사망했다고 발표했다. 결국 어떤 마음을 선택했느냐에 따라 생사가 갈린 것이다.

미국의 유명한 과학자이자 발명가인 찰스 캐터링은 부정적인 마음을 완전히 무시하는 것이야말로 어떤 일을 할 때 성공에 이르는 지름길이라고 말한다. 그는 오하이오 주의 데니슨 대학에 제출한 보고서에 다음과 같은 실례를 들어 그의 주장을 뒷받침했다.

그는 젊은 연구원들에게 매우 힘든 과제를 주면서 도서관에 비치되어 있는 책들을 절대로 참고하지 못하게 했다. 왜냐하면 캐터링이 부여한 과제는 다른 연구원에 의해 이미 불가능하다는 결론이 났고, 그 보고서가 도서관에 비치되어 있었기 때문이었다. 이 사실을 알지 못한 한 젊은 연구원은 과제 연구에 최선을 다했다. 얼마 후, 그는 결국 전임 연구원의 절망적인 보고서 내용을 뒤집고 그 과제를 해결했다. 만일 그가 이전의 연구 결과를 미리 알았더라면 과연 성공할 수 있었을까? 아마 일에 착수하기도 전에 자신감을 상실해 버렸을 것이다.

물론 세상에 불가능한 일이 없는 것은 아니다. 그러나 너무 많은 일들이 실제로 불가능하다기보다는 불가능하다고 생각하는 부정적 마음 때문에 불가능해지는 것이다. 월터 윈틀은 이런 원리를 다음과 같이 표현했다. "만일 당신이 패배할 것이라 생각한다면, 당신은 그럴 것이다. 만일 당신이 도전하지 못하리라 생각한다면, 당신은 못할 것이다. 만일 당신이 성공을 원하지만 할 수 없을 것이라 생각한다면, 당신은 십중팔구 할 수 없을 것이다. 만일 당신이 실패할 것이라고 생각한다면, 당신은 실패할 것이다. 세상을 살면서 우리는 성공이란 한 사람의 의지에서 비롯된다는 사실을 알게 된다. 그것은 모두 마음의 자세에 달려 있다. 만일 당신이 스스로 뛰어나다고 생각한다면, 당신은 그런 것이다. 높이 오르려면 높이 생각해야 한다. 성공을 위해서는 먼저 자신에 대한 확신을 가져야 한다. 삶에서의 성공은 항상 더 강하고 더 빠른 자에게 가는 것만은 아니다. 머지않아 성공을 거머쥘 사람은 바로 자신이 할 수 있다고 생각하는 사람이다."

사실 우리가 임하는 이 인생의 마인드 게임은 심지어 무척 단순한 것이기도 하다. '원하면 얻고, 원하지 않으면 얻지 못하는 게임'이기 때문이다. 당신은 무엇을 선택할 것인가? 얻기를 원할 것인가, 아니면 얻지 않기를 원할 것인가?

왜 우리는 마음을 '먹어야' 하는가?

우리의 몸이 병들 때는 언제인가? 일차적으로 섭취한 영양분과 활동량의 균형이 맞지 않을 때 우리 몸에 여러 가지 노폐물이 쌓이게 된다. 그리고 그것을 운동이나 다른 활동을 통해 적절하게 몸 밖으로 내보내지 못할 때 병에 걸린다. 우리 마음도 마찬가지다. 한번 마음을 들여다보라. 의도하지 않아도 마음속에 얼마나 많은 생각과 감정들이 마치 밀물과 썰물이 교차하듯 왔다 갔다 하는지를⋯. 밀물이 밀려왔다가 빠져나간 자리에는 쓰레기가 많이 쌓인다. 그런 것처럼 우리 마음에도 노폐물이 생긴다. 불필요한 걱정, 근심, 불안, 분노, 두려움, 공포 등 부정적인 요소가 쌓인다. 그 노폐물을 적절하게 배출하지 못할 때 마음은 병이 든다. 우리는 경험으로 집 안을 그때그때 치우면 청소하기가 쉽지만, 게으름을 피우느라 제때 정리하지 않으면 청소하기 훨씬 힘들다는 것을 잘 알고 있다.

우리는 별 생각 없이 '마음을 먹는다'는 말을 종종 한다. 그렇다고 생각을 먹는다거나 행동을 먹는다고는 하지 않는다. 유독 마음에만 먹는다는 표현을 쓴다. 왜 그럴까? 우리 선조들은 매우 현명하다. 마음의 영양소가 없으면 정신적으로 허기지고 에너지가 없다는 사실을 알고 있었기에 그런 표현을 쓴 것은 아닐까?

먹는다는 것은 다시 배가 고파진다는 것을 전제로 한다. 배가 고파지면 다시 무언가를 먹어야 한다. 그렇지 않으면 에너지가 없어져서 아무 것도 할 수 없는 상태에 이른다. 그런 상태를 가리켜 '배터리가 방전된 느낌'이라는 표현을 하곤 한다. 배가 고프고 기운이 없는데도 음식을 먹지 않고 계속해서 일하면, 어느 순간 마치 배터리가 방전된 듯 힘이 빠지면서 몸이 기능을 멈추는 것과 같다. 그런 상태를 경험하고 싶지 않으면 배가 고플 때 음식을 먹어서 에너지를 보충해야 한다.

마음도 마찬가지이다. 무언가 결심이 흐트러지고 혼란할수록 우리는 되풀이해서 마음을 먹지 않으면 안 된다. 그렇지 않으면 배터리가 나가듯이 마음을 잃어버릴지도 모른다. 마음은 곳간과 같아서 우리가 하나씩 무언가를 꺼내 쓸 때마다 조금씩 빈다. 수시로 그 빈 곳을 채워 넣어야 한다.

배가 고플 때 음식을 먹는 것은 당연하다. 하지만 마음에 에너지가 부족할 때, 영양소를 공급해야 함은 미처 생각하지 못할 때가 많다. 그래서 많은 사람들이 허약한 마음으로 비틀대며 살아가는 것인지도 모른다. 강하고 단호한 마음으로 매력적인 인생을 살아가고 싶다면 이제부터라도 마음의 영양소에 대해 신경을 써야 한다. 나의 부족한 것을 채우는 영양소에는 어떤 것들이 있는지 알아보고 그것을 보충해 주어야 한다. 그것이 마음을 제대로 '먹는 길'이다.

06

현실을 바꾸는
전향적인 자세

우리는 지속적인 훈련과 연습을 통해 긍정적인 마음 자세가 무의식적인 습관이 되도록 해야 한다. 운동을 배울 때 자세의 중요성에 대해 수없이 들었을 것이다. 농구의 예를 들어보면 이해가 쉽다. 그들은 단지 한 손, 그것도 손목만을 사용할 뿐인데도 일반인들이 두 손으로 던지는 것보다 더 멀리, 더 정확히 던진다. 이런 자세의 중요성은 비단 농구뿐만이 아니다. 테니스, 탁구, 골프, 수영, 육상, 승마 등등 모든 스포츠에서 올바른 자세는 탁월한 기량의 근간이 된다. 이처럼 스포츠에서 자세가 중요하듯 마음도 어떤 자세를 갖느냐에 따라 그 결과는 확연하게 달라진다. 이를 위해서 우리가 기억해야 할 첫 번째는 바로 '전향(轉向·Convert)'이다. 동일한 사건이 나에게 닥친다고 하더라도 내 스스로가 마음의 자세를 바꾸는 '전향적 자세'를 갖추면 사건은 그 형태를 달리하고 나에게 미치는 영향력도 현저하게 감소한다.

당신이 성공할 수밖에 없는 이유

토머스 에디슨은 백열전구를 만들겠다는 꿈을 가지고 있었다. 하지만 아무리 해도 그의 실험은 실패를 거듭했다. 100번 정도 실험한 후, 실망한 에디슨의 조수가 이렇게 말했다. "아무리 해도 안 되고, 절대 성공하지 못할 거라는 걸 모르겠어요? 벌써 100번이나 실패했잖아요."

그러자 에디슨은 이렇게 대답했다. "난 한 번도 실패한 적이 없어. 난 100가지 방법이 잘 듣지 않는다는 걸 성공적으로 확인한 거야. 그러니까 이번에는 성공할 수 있는 그 한 가지 방법에 100가지만큼 더 가까워진 거야."

어떤 풋볼팀이 중요한 경기에서 21점 차로 지고 있었다. 팀의 모든 구성원들은 그날의 게임을 포기하고 다음 게임을 대비한다는 마음을 가지고 있었다. 그러나 코치의 생각은 달랐다. 그는 선수들에게 그날의 경기를 이길 수밖에 없는 이유를 생각나는 대로 말하게 했다. 처음에는 모두 묵묵부답이었지만, 잠시 후 선수들은 이유를 한 가지씩 말하기 시작했고, 곧 그 이유들은 50가지가 넘어섰다. 선수들은 질 수밖에 없는 이유들을 버리고 이길 수밖에 없는 이유들에 집중하기 시작했고, 그 결과 실제로 경기에서 승리했다.

데이빗 슐츠는 이렇게 이야기했다. "우리는 살면서 일을 하게 됩니다. 그러나 막상 수행하다 보면 그 일이 실패할지도 모른다는 생각을 하게 됩니다. 거기서 문제가 시작됩니다. 실패를 생각하는 순간, 스스로 실패할 수밖에 없는 이유를 만듭니다. 항상 자신이 성공할 수 있다는 생각을 가지십시오. 그러면 내 자신은 성공할 수밖에 없는 이유를 만들어내고 있을 겁니다."

우리의 마음은 전쟁터와 같다. '부정적인 마음'이라는 군대가 수시로 마음이라는 나라를 정복하려는 야욕을 품고 국경을 침범한다. 우리의

'긍정' 군대는 이 부정군의 공격을 효과적으로 막아내야 한다. 그러기 위해서는 부정 군대의 날카로운 공격을 무력화시킬 요새를 구축해야 한다. 바로 이 요새가 '전향적 자세'이다. 쉽게 표현하면 '이미 일어난 모든 상황을 긍정적으로 받아들이는 자세'라고 할 수 있다. 이 힘은 부정을 정화하고 긍정화시켜 결국 성공에 도달할 수 있는 힘이기도 하다. 이는 모든 부정적인 상황과 생각들을 긍정의 형태로 바꾸어버리는 백신과 같다. 어떤 나쁜 상황이 벌어지더라도 '괜찮아, 어쩌다 그럴 수 있는 거야. 인생은 새옹지마라니까 다음은 좋은 일이 생길 차례네, 잘됐다.'라는 식으로 받아들일 수 있다. 비가 내리면 시원해서 기분이 좋은 것이고, 더운 날이 계속되면 건강에 좋은 땀을 흘릴 수 있어서 상쾌하다는 식으로 생각하면 된다. 이렇게 하면 마음 자체가 한결 가벼워지며 부정성의 어두운 그림자로부터 벗어날 수 있을 것이다.

이런 전향적 자세는 마치 탄력성이 좋은 고무판과도 같다. 강한 것이 떨어져도 능히 튕겨내고, 세게 구부리더라도 부러지지 않고 다시 자신의 탄성을 되찾는다. 따라서 이런 자세를 가진 사람은 아무리 절망적인 일이 생겨도 금방 '이겨낼 수 있어.'라며 자신감을 회복하고, 비록 불길한 전조 증상이 있어도 '아직 일어나지도 않은 일인데 뭐.'라며 용기를 되찾아 온다. 현실은 아무 것도 바뀌지 않아도 마음 자체가 이미 전향적 자세를 갖춘 사람은 주어진 현실을 긍정적으로 변화시키며 안정을 되찾고 다시 도전할 힘을 얻게 되는 것이다.

07

부정성이 오히려 기회가 되는 긍정의 역습

전향적 태도에 이어 우리가 하나 더 갖추어야 할 것은 '긍정의 역습'이라는 자세이다. 이는 부정적 상황을 뒤바꾸는 긍정적인 공격이 가능한 마음 상태이다. 복싱 기술 중에 크로스 카운터(cross counter)라는 것이 있다. 이는 10이라는 힘으로 공격해 올 때, 내가 5의 힘으로만 되받아쳐도 상대방은 15의 타격을 입게 되는 원리다. 즉, 위기를 오히려 기회로 만들어 긍정성을 더욱 강화시키는 전화위복의 힘이기도 하다.

'만약에' 대신 '어떻게'

30년간 사업을 일으켜낸 프레트라는 사람이 있었다. 하지만 그는 동업자에게 사기를 당해 하루아침에 망하고 말았다. 그때 한 친구가 그를 위로하기 위해 그의 집으로 갔다. 친구는 그가 비통하고 실의에 빠져 있을 것이라 생각하고 단단히 마음의 준비를 했다. 하지만 프레트의 모습은 예상과 전혀 달랐다. 그는 얼굴에 부드러운 미소를 머금으며 이렇게 이야기했다. "그러니까 30년 전, 처음 사업을 시작했을 때 나는 50 달러를 갖고 시작했어. 그런데 지금 내 수중에는 500달러나 있지 않은 가. 그때에 비하면 훨씬 더 나아진 거지. 거기다가 30년 전, 아름답고 훌륭한 아내와 인생을 시작했어. 그리고 지금도 그녀를 사랑하는 마음 은 변함이 없고 말이야. 그동안 경험도 많이 쌓았다네. 이 모든 게 하 나님께 감사드릴 일이 아니겠는가?"

그로부터 채 1년도 되지 않아 그는 다시 사업을 시작했다. 프레트의 모습을 본 친구는 당시의 상황을 떠올리며 이렇게 이야기했다. "당시에 그가 내게 던진 말이 아직도 기억에 생생합니다. '나는 '만약에'라는 것 을 생각하기보다 '어떻게'를 생각하는 사람이 되기를 결심했습니다'라 는 말입니다."

'만약에'를 생각하는 사람은 "그때, 이렇게 하지 말고 저렇게 했다면 좋았을 텐데", "환경 요건이 달랐더라면 좋았을 텐데"라며 수심에 잠긴 다. 과거의 실패에 연연하고, 변명하면서 헤매다가 결국엔 실의에 빠지 고 만다. 스탠리 아놀드는 '문제란 그 속에 해결의 실마리를 갖고 있는 법이다'라고 말했다. '만약에'가 아니라 '어떻게'를 생각하는 사람은 전 혀 다른 방법을 찾아나간다. 문제 안에서 해결의 실마리를 찾아내는 것 이다. 그는 지나간 일에 연연하지 않으며 미련을 갖지 않고 에너지도 낭비하지 않는다. 그 대신, 즉시 해결책을 모색한다. 해결책이 있다는 사실을 분명히 알고 있기 때문이다. 그는 언제나 자신에게 이렇게 질문 한다. "어떻게 하면 이번 실패를 건설적이고 생산적으로 활용할 수 있 을까? 어떻게 하면 잡초에서 꿀을 따낼 수 있을까?"

'어떻게'를 생각하는 사람은 문제를 효율적으로 해결한다. 인생의 모 든 문제에 귀한 가치가 들어 있음을 잘 알고 있기 때문이다. 그는 '만 약에'라는 헛된 망상에 귀한 에너지를 낭비하지 않는 대신 창의적으로 '어떻게'를 모색한다.

위기도 기회로 만드는 행운아 마인드

GE코리아 회장과 GE헬스케어 아시아 성장시장 총괄사장, 인천국제공항공사 사장을 지내고 2013년 현재 CJ의 대표이사가 된 인물이 있다. 바로 이채욱 부회장이다. 경력으로만 보자면 그는 최고의 대학을 나왔고 해외에서도 유학생활을 했을 것처럼 보인다. 하지만 실제로는 그렇지 않다. 그는 어린 시절 방이 2개 밖에 없는 초가집에서 생활했고 먹을 채소를 뽑기 위해서는 10km를 걸어가야 할 정도로 가난했다. 돈이 없어서 고등학교 진학은 꿈도 못 꿀 정도였으니 그의 청소년 시절이 어느 정도였는지 짐작하게 한다. 나중에는 생활비를 벌기 위해 군대에 갈 정도였다.

사실만으로 봤을 때 그가 성공가도를 달릴 수 있는 가능성은 그리 많지 않다. 하지만 이상하게도 그에게는 연속적으로 '행운'이라는 것이 생겼다. 원했던 고등학교에서 느닷없이 그를 장학생으로 선발해 진학할 수 있었고 등록금을 낼 수 없었을 때 입주가정교사 자리가 나서 돈을 벌 수 있었다. 삼성에 입사한 이후에는 사표를 내야만 하는 순간이었는데, 갑작스럽게 해외지사로 파견되었다. 그 후의 승승장구에도 주어진 행운은 두말할 필요가 없다.

그에게는 왜 계속해서 행운이 주어졌던 것일까? 사실 그는 실제로 '행운아'가 아니었다. 이채욱 부회장은 이렇게 말했다. "어떤 일이든지 내게 닥쳐온 일을 행운이라고 생각했기에 무엇이든 최선을 다할 수 있었다. 최선을 다하기 위해서 작은 일이든 큰일이든 준비를 소홀히 하지 않았고 늘 다음을 생각했다."

결국 그는 행운아였기 때문에 행운이 찾아온 것이 아니라 그저 모든 것을 스스로 행운이라고 생각했을 뿐이었다. 그리고 그것은 이른바 '선순환'이 되어서 그의 삶에서 행운을 창조하는 결과를 낳았던 것이다.

그에게는 위기도, 기회도, 절망도, 가난도 모두 행운일 뿐이었다. 그는 삶에서 생기는 모든 일에 긍정의 크로스 카운터를 날린 것이다.

'긍정의 역습'이라는 마음자세를 가진 사람에게는 주저할 시간이 전혀 없다. 긍정적인 것도 긍정적이고, 부정적인 것도 긍정적이기 때문이다. 모든 것이 긍정적이기에 삶을 활기차게 전진시키고 매 순간 즐겁고 행복할 뿐이다. 또한 이 행복을 지속적으로 유지시키려다 보니 침체될 여유 자체가 없다. '공격이 최선의 방어'이다. 방어하기 위해서는 공격해야 하듯, 부정적인 것이 당신을 물들이기 전에 긍정으로 역습을 감행해야 한다.

08

원하는 결과를 만드는
긍정적 자아도취

전향적 자세와 긍정의 역습을 잇는 또 하나의 강력한 마음 자세가 있다. 그것은 바로 스스로에게 긍정적으로 도취되는 것이다. 이른바 '긍정적인 자아도취(Positive Narcissism)'라고 할 수 있다. 이는 앞의 두 단계보다 더욱 높은 수준이며 강한 마음 근력을 갖게 해주는 배경이 된다. 또한 언제 어디서나 당신이 원하는 대로 긍정적인 결과가 일어날 수 있게끔 만드는 능력을 부여해줄 수 있을 것이다.

'운이 없다'고 생각하면 운이 없어진다

미국의 육상선수 메리 데커. 그녀는 세계에서 가장 뛰어난 육상선수 중 한 명이었고, 1984년 올림픽의 금메달이 확실시되는 기대주 중의 기대주였다. 올림픽 출전을 앞둔 어느 날, 메리 데커는 한 TV 토크쇼에 출연했다. 프로그램에 출연한 그녀는 이상하게도 '전 운이 따라 주지 않아요', '전 늘 운이 없어요', '운이 따라줘야 하는데 그렇지 않아요'

등 습관적으로 부정적인 말들을 계속 내뱉었다. 그리고 얼마 후 벌어진 올림픽 3,000m 경기에서 미국의 위대한 희망이었던 그녀는 무엇엔가 홀린 듯이 졸라 버드라는 선수를 어깨 너머로 바라보다 발에 걸려 넘어지고 말았다. 정신을 딴 데에 쓰다가 실격패해버린 것이다. 메리 데커는 올림픽을 앞두고 '난 징크스가 있어요'라고 외쳤고 결국 그가 말한 우려가 현실이 되었다.

미국의 심리학자 시걸 박사는 한국전쟁 중 중공군의 포로가 된 후 송환된 병사들의 정신 상태를 분석했다. 그는 이렇게 말했다. "이들은 중공군이 주장한 대로 미국이 먼저 전쟁을 일으켰고 세균전을 감행했다고 믿었으며 총체적으로 중공군에게서 들은 말로 세뇌당한 정치적 견해를 가졌다."

그렇다면 중공군들은 미군 포로들의 뇌를 어떻게 세뇌시켰을까? 첫째, 같은 말을 지겨울 정도로 반복적으로 들려주어 뇌가 거기에 맞는 모드를 갖게 만들었다. 말은 입에서 나오는 순간 뇌에 떠도는 생각의 파편들을 이리저리 다듬고 합해서 하나의 의미로 묶는다. 따라서 같은 말을 지겨울 정도로 계속해서 들으면 뇌 속에 흩어져 있는 생각들이 말의 의미에 맞추어 재정리된다. 중공군은 미군 포로들에게 '중공군이 선하고 미군이 악하다'는 정보를 반복적으로 들려주어 포로들의 뇌 모드를 자기들이 원하는 방향으로 재구성한 것이다. 둘째, 원하는 답변을 하느냐 그렇지 않느냐에 따라 상벌을 주었다. 포로들이 자기들의 말을 수긍하면 배고픔을 면하는 기쁨을 누리게 해주었고 그렇지 않으면 배고픔의 고통을 주어 그 말들이 뇌를 강하게 자극하도록 만들었다. 그 결과 그들의 모든 사고가 바뀌어 버린 것이다.

자아도취란 일종의 '자성예언'이라고 할 수 있다. 말해지는 것에 따라서 스스로 그 예언을 충족해 나가는 현상이다. 메리 데커가 '난 운이 없어'라고 생각하자 진짜 운이 없어졌고, 포로 미군들이 세뇌된 것은 끊임없는 예언과도 같은 말들이 그들의 마음속으로 파고들었기 때문이다. 반대로 긍정적인 자아도취를 위한 자성예언을 하면 정말로 그렇게 현실이 바뀌게 된다. 그리고 이것은 바로 자신에 대한 표상 자체를 바꾸는 것을 의미한다. 『체인징 마인드(Changing mind)』의 저자 하워드 가드너를 비롯한 일군의 정신 학자들은 이렇게 말한다. "사람의 기억력은 노력하지 않으면 자기가 한 일, 또는 하고 싶은 일을 잊어버리기 때문에 삶의 목표나 해야 할 일 등을 반복적으로 뇌에 입력시켜야 한다."

이런 뇌의 특성을 고려해 매일 삶의 목표를 외우면서 원하는 정신적 표상을 만들고 그것이 긍정적인 자아도취가 될 수 있도록 해야 한다. 진급에서 누락되고, 취업이 잘 안되고, 사업 협상에서 밀리고, 세일즈에서 실패하는 이유는 '나는 지지리도 재수 없는 사람'이라는 부정적 자아도취에 휩싸여 있기 때문이다. 그러나 '나는 이 정도는 가볍게 해 낼 수 있다'라는 자성예언을 계속하면서 자기의 표상을 만들어가고 긍정적 자아도취를 하는 사람은 모든 일을 극복해 나갈 수 있게 된다.

고난이 있어 더욱 가슴 뛰는 삶의 진짜 모습

독일 철학자이자 시인인 프리드리히 니체는 다음과 같이 인생의 목적을 설명했다. "인생의 목적은 끊임없는 전진이다. 앞에는 언덕이 있고 냇물도 있고 진흙도 있다. 걷기 좋은 평탄한 길만 있는 게 아니다. 먼 곳을 항해하는 배가 풍파를 만나지 않고 순항할 수만은 없다. 풍파는 언제나 전진하는 자의 벗이다. 차라리 고난 속에 인생의 기쁨이 있다. 풍파 없는 항해, 얼마나 단조로운가! 고난이 심할수록 내 가슴은 뛴다."

미국의 작가인 리오 로스텐은 인생의 목적을 이렇게 설명했다. "나는 인생의 목적이란 뭔가 남들에게 봉사하고 손수 책임을 도맡으며, 명예를 드높이고, 그러면서도 소외된 자들에게 지속적인 관심을 기울이는 것이라고 생각한다. 결국 중요한 건 가치 있게 사는 것이며, 뭔가를 위해 열렬히 싸울 줄도 알고, 그 모든 행동을 통해 내가 이 세상에 잠시나마 머물다 갔다는 흔적을 남기는 것이다."

니체와 로스텐의 공통점은 인생을 하나의 '극복의 과정'으로 본다는 점이다. 그리고 그 극복이라는 것이 있어야 더욱 가슴 뛰고 가치 있는 인생이 만들어진다고 생각한다. 이런 극복의 과정에서 바로 '긍정적 마음가짐, 긍정적 역습, 긍정적 자아도취'는 모든 장애를 가볍게 뛰어 넘을 수 있는 심리적인 힘을 제공한다.

꿈의 목록 100

1	2	3	4	5
6	7	8	9	10
11	12	13	14	15
16	17	18	19	20
21	22	23	24	25
26	27	28	29	30
31	32	33	34	35
36	37	38	39	40
41	42	43	44	45
46	47	48	49	50

51	52	53	54	55
56	57	58	59	60

61	62	63	64	65
66	67	68	69	70

71	72	73	74	75
76	77	78	79	80

81	82	83	84	85
86	87	88	89	90

91	92	93	94	95
96	97	98	99	100

마음속에서 올라오는 하고 싶은 것, 되고 싶은 것, 소유하고 싶은 것, 경험하고 싶은 것들을 적어보십시오. 관심이 가는 곳에 나의 에너지가 흘러가고, 에너지가 흘러가는 곳에 내 인생이 흘러갑니다. 망설이지 말고 무엇이든 적어보세요.

꿈의 지도

당장이라도 쉽게 이룰 수 있는 꿈부터 달성하기 매우
어려운 꿈까지 다양한 100개의 꿈들…. 이제 이 꿈들을
마음의 서랍 속에 차곡차곡 분류해야 합니다.
　당장 이룰 수 있는 꿈부터 이루어가다 보면
불가능해 보이던 100가지의 꿈들이 어느새인가
이루어질 것입니다.

불가능 & 단기적	불가능 & 장기적
가능 & 단기적	**가능 & 장기적**

앞에서 작성한 100가지 꿈의 목록을 분석해 봅시다. 먼저 얼마나 달성 가능성이 높은가, 낮은가를 생각해 보십시오. 물론 이는 주관적입니다. 두 번째로 단기간에 달성 가능한 것인지, 또는 장기적인 목표인지 생각해 보십시오. 이 역시 주관적으로 결정하면 됩니다.

100가지 꿈의 목록 중
- 불가능성이 높은 것, 하지만 만약 이루어진다면 단기적일 것을 적어보십시오(예: 로또 1등 당첨).
- 불가능성이 높은 것, 설령 이루어지더라도 시간이 많이 걸리는 것을 적어보십시오(예: 10개 국어 유창하게 하기).
- 가능성이 높으면서 단기적일 것을 적어보십시오(예: 2kg 감량하기).
- 가능성이 높으면서 장기적일 것을 적어보십시오(예: 박사학위 취득하기).

이 표를 보시고 나의 생각의 흐름과 패턴을 살펴보십시오. 나는 실현 가능한 현실적인 목표에 에너지를 보냅니까, 실현이 쉽지 않은 꿈을 꾸고 있습니까? 혹은 꿈을 꾸지 못하고 현실이라는 박스에 갇혀 있습니까, 아니면 무한 가능성을 꿈꾸고 있습니까? 잠시 눈을 감고 묵상하십시오.

사실(Fact) 바라보기

일어난 일은 무엇인가?

내가 만든 소설은 무엇인가?

✔ **에포케(epoche)** 판단중지!

✔ 낯설게 하기!!

✔ 에고(Ego) = 믿음(belief) + 가치(value) + 믿음 + 가치 …

우리 마음은 이야기꾼입니다. 그 마음은 꿈과 희망을 만들어내는 좋은 친구이기도 하지만, 있지 않은 두려움을 창조하는 말썽꾸러기이기도 합니다. 일어난 일을 적어 보세요. 그리고 그 일에서 사실이 아닌 내 생각을 따로 떼어 보세요. 위쪽에는 일어난 것을 그대로, 아래쪽에는 나의 생각과 느낌을 적어봅니다.

내 삶에서의 변화

주머니 속
변화

집

사는 곳

자주 만나는
친구

취미생활

경제력

	10년 전		금년
교통수단			
꿈	10년 전		금년
삶의 목표	10년 전		금년

내 삶에서 어떠한 변화가 있었는지 살펴봅시다. 왼쪽의 테마를 가지고 10년 전과 비교해 보세요. 나의 생각·행동·가치·환경 등이 얼마나 많이 바뀌었나요? 또, 앞으로는 어떻게 바뀔 수 있을까요?

실행(Doing),

나는 움직인다 고로 존재한다

철학자 데카르트의 '나는 생각한다, 고로 존재한다'는 말이 유명해진 이유는 바로 '생각'이 인류의 역사 전면에 등장했기 때문이다. 신(神)이 중심이었던 세상에 '나의 존재'를 알린 그 한마디는 이후 합리적 이성주의를 이끌어 내는 결정적 선언이었다. 이제 오늘날의 우리들에게는 **생각을 넘어서는 또 다른 것이 필요하다. 그것은 바로 변화를 이끌고 삶의 고양을 이루어내는 실행(Doing)이다.** 실행이 없는 삶은 결국 정지해 있는 것을 넘어 퇴보에 이르게 하고 종국에는 초라함으로 끝을 맺게 한다. 삶을 자신의 의지대로 변화시키는 어웨이크너에게 생각은 곧 '존재의 조건'에 다름이 아니다.

사이드 브레이크를 잠근 채
액셀을 밟고 있지는 않은가?

어디로 와서 어디로 가는가?
오랫동안 질문해왔고 또 질문하게 되는 화두다.

'이 무엇고'를 반복하고 반복하면서
많은 곳을 다녔고,
많은 이를 만났고,
많은 실패와 작은 성공을 하면서…
이 모든 경험과 만남이 스승이 되어
잊고 있던 진리의 빛을 발견한다.

나는 만들어지는 것이 아니라
스스로가 창조자임을 발견하는 것이고

무엇인가를 이루는 것이 아니라
이미 다 있음을 아는 것이라는

진리를 만나는 순간 무명(無明)-어둠에서 나오게 된다.
아름다운 진리의 빛을 따라서.

나를 만나는 나만의 고요한 시간은 나답게 존재할 수 있도록 마음의
빛을 밝히는 여정이다. 이 책은 고요함을 가지고 깊은 곳에 있는 자신
을 만나 대화하며 자기답게 존재하는 어웨이크너의 여정을 함께하고자
시작되는 '위대한 당신'의 여정이다.

명나라 문인 진계유는 이렇게 노래했다.

고요히 앉아 본 뒤에야
평상시의 마음이 경박했음을 알았네.

침묵을 지킨 뒤에야
지난날의 언어가 소란스러웠음을 알았네.

일을 돌아 본 뒤에야
시간을 무의미하게 보냈음을 알았네.

문을 닫아 건 뒤에야
앞서의 사귐이 지나쳤음을 알았네.

욕심을 줄인 뒤에야
이전의 잘못이 많았음을 알았네.

마음을 쏟은 뒤에야
평소에 마음씀씀이가 각박했음을 알았네.

　무엇보다 중요한 것은 '나는 누구인가?' 하는 질문이다. 내 안에 자리
잡고 있는, 잠시도 쉬지 않고 튀어나오는 수많은 생각들과 그 생각의
합이 만들어낸 나라는 존재. 여기에서 나는 '참 나(진아, 眞我)'가 아닌
에고(ego)의 집합체라고 할 수 있다. 즉 여기저기서 시도 때도 없이 튀
어나오는 이 생각은 '본질적인 나'가 아니라는 것이다. DNA로 물려받
고, 양육을 통해 습득되고, 사회와 학교를 통해 주입된 것이다. 나도 모
르게 스며들어 나를 이룬 수많은 타인의 진리·사회의 지식이 기준이
되었고, 내가 경험한 수많은 주관적 경험이 나만의 진실이 되어 근육
깊숙이 뼛속 깊숙이 자리 잡아 주인행세를 하고 있다. 이 가짜 주인을
몰아내고 나를 만나는 것. 이것이 지구별에서 내 인생의 주인이 되는
어웨이크너의 생애 최대 과업이다.
　이것을 달성한 사람은 '낯설게 하기'가 일상화된 삶을 즐길 줄 알고,
미지의 세계를 경험하고 깨달아가며, 호기심이라는 신성의 불꽃을 따
라가 모든 것을 경험하고 결국 그 경험의 창조자가 자신임을 알게 된
다. 나는 '이미 온전'하고 '원래 완전'하며 삶의 모든 것은 내가 창조한
다는 것을 알게 된다. 이는 스스로 책임질 수 있고 이 책임을 통해 자
신의 위대함을 깨워갈 수 있는 지혜의 여정이기도 하다. 내 안에서 발
견하지 못한다면 인도 갠지스 강으로 떠나도, 산티아고를 걸어도, 티벳
고원이나 킬리만자로를 가도 그 어디에서도 발견하지 못한다. 어떤 이
는 스승을 찾아 헤매고, 어떤 이는 신을 찾아 헤맨다. 끝없이 외부에서
찾으려 하는 노력은 결국 짧은 인생을 방랑으로 마무리하게 한다.
　나와의 만남. 즉, 깨달음을 얻는다는 것은 정·희·노·애·락·욕 등
에 빠지지 않는다는 것이다. 이를 설파했던 당나라의 학자 '이고'는 마

흔이 되어서야 '내가 개처럼 살았음을 깨달았다'고 외치며 참공부에 들어갔다고 한다. '개처럼 살았다'는 의미는 우리의 삶을 고스란히 반영한 것인지도 모른다.

누가 짖으면 따라 짖고,
누가 으르렁거리면 따라 으르렁거리고,
누가 위협하면 따라 위협하고,
누가 예뻐해 주면 꼬랑지 살랑살랑 흔들고,
누군가 먹을 것을 주면 또 주겠지 하며 따라다니고,
내가 모든 것의 주인인 줄 모르고,

누군가에게 인정받으려 했고,
누군가에게 좋은 말만 들으려 했고,
누군가의 마음을 먼저 살피려 했고,
돌아보면 정말 개처럼 산 것 같다.

이미 완전한 나를 모른다면
내가 참 나로 존재하지 않는다면
이런 반응의 시간으로 인생은 가득 차 버릴 것이다.
누가 칭찬하면 기뻐하고,
누가 비난하면 화가 나는 '반응의 인생'은
내 감정과 마음의 주인이 나라는 것을 모른 착각이 원인이다.

종일 어떤 일을 하더라도 '나는 무엇인가'라는 질문을 마음의 배경으로 삼을 필요가 있다. 그 질문에 완전한 답을 얻게 되면 그것은 궁극의 자유를 얻는 것이고, 이로써 자신의 삶을 오롯이 이해할 수 있게 될 것이다. 이렇게 되면 삶은 자신이 만드는 대로 흐른다. 만약 거기에 도달하면 애쓰지 않고서도 원하는 것을 가질 수 있다. 마침내 창조의 신비, 만물의 비밀을 알게 될 것이다.

02

순수한 '참 나'를
만나라

마음이 시키는 대로 살면 노예고,
마음을 바라보고 살면 주인이다.

– 더글라스 보이드, 구르는 천둥

타인은 나의 스승, 삶은 내 마음의 거울. 내가 만나는 모든 사람이
나의 스승이 되고, 내가 경험하는 모든 것이 배움의 재료가 된다. 어떤
경우라 하더라도 나의 에고를 내려놓고 소통하고 교류하는 것은 참 나
의 상태에서 소통하는 행위이다. 내가 이미 온전하다는 것을 알고 순수
의식 상태에서 행하는 모든 일들은 나의 탁월성과 연결된다. 콤플렉스
는 에고의 생각이다. 에고를 버리고 참 나의 견지에서 나를 만나면 걸
림이 없다. 그물에 걸리지 않는 바람처럼 모든 예기치 않은 일들도 불
안이 아니라 설렘으로 바뀐다. 무엇을 하든, 다른 이를 위해 특별히 봉
사한다는 마음 없이 행하여도 봉사가 된다. 완벽하게 내어준다. 완벽하

게 내어주는 사람은 항상 그가 원하는 무엇이든 가지게 된다는 것을 안다.

또한 타인에 대한 칭찬 또는 비난이 궁극적으로 얼마나 파괴적인지 안다. 그것은 에고를 강화시키기 때문이다. 칭찬은 나는 높고 너는 낮다는 것을 전제로 한다. 어웨이크너는 칭찬이 아니라 감사를 표현한다. 그는 남에게 주는 충고란 신처럼 굴고자 하는 에고의 게임이라는 것을 알고 있다.

우리가 행복하고 좋은 삶을 살고자 한다면 오직 행복하고 좋은 생각들만 하면 된다. 다른 사람의 험담을 한다면 그 사람을 해치는 것이 아니라 '보상의 법칙'에 따라 스스로를 해치는 것이다. 험담이란 다른 이를 헐뜯는 증오의 한 형태다. 우리가 다른 이를 심판하고자 한다면 그것은 에고가 신처럼 구는 것이다. 옳고 그른 것을 구분짓는 생각 모두 심판일 뿐이다. 어떤 것에 대해서 '반대하는' 생각을 한다면 그것이 바로 심판이다. 옳고 그르거나 좋고 나쁜 것은 없다. 오로지 실재를 배우기 위한 목적의 경험만이 있을 뿐이다.

따라서 모든 것을 사랑으로 대할 필요가 있다. 당신에게 일어나는 일이 무엇이든 온전히 책임지는 태도가 요구된다. 온전히 책임진다는 것은 당신의 생각에서 원인을 찾는다는 의미이다. 거슬러 가면 최초의 생각을 찾아낼 수 있고 그것을 없앨 수 있다.

어웨이크너는 감사함으로 가득한 것은 순수의식의 상태, 참 나의 상태라는 것을 알고 있다. 언제나 작은 일에도 감사함의 상태에 있음을 견지한다. 마음을 넓히면 우주가 다 들어가도 흔적이 없고, 마음을 좁히면 바늘 하나도 꽂을 곳이 없다는 원리를 알고 있다.

그래서 우리는 심각해질 필요가 없다. 해야 할 일은 단지 우리가 한계 지어져 있다는 느낌을 그만 멈추고, 본래 모습인 '무한의 존재'로 있기 시작하는 것이다. 우울한 기분에서 행복한 기분으로 가려면 모든 것을 사랑으로 대하면 된다. 원하는 것에 대해서 생각하고, 원하지 않는 것에 대한 생각을 멈춘다. 그것을 마주하고 어떤 것에도 저항하지 않는다. 모든 것을 받아들이는 마음의 자세를 갖추는 것이다.

이렇게 내가 사물을 바라보는 방식을 바꾸면, 그 사물은 변한다. 감정은 내가 결정하는 것이다. 내가 나의 감정을 결정하고, 기분을 통제한다는 것을 안다면 우리는 모든 것에 기뻐하고 즐길 수 있다. 지금 당장 결심하라. 나의 감정과 기분은 내가 창조하고 결정하는 것이라고. 이것이 참 변화의 시작이다. '너 때문에 기분이 나빠', '그 일 때문에 속상해', '네가 나를 화나게 만들었잖아'라는 말들은 나의 주체성을 부정하는 말이다. 나의 감정은 네가 결정하고, 나의 기분을 그 일이 결정한다는 것은 나는 객체이자 대상이라는 착각으로 무책임의 근원이 된다. 내가 나의 모든 감정 창조의 주체라는 것을 알고, 언제나 평화로운 상태로 있기를 결정하는 것. 어떤 상황에서도 감사의 상태에 있겠다는 결정은 우주의 모든 정보를 다운로드 받기 위한 전제이기도 하다.

만약 누군가가 뭔가 해주기를 원하는데 그가 그렇게 하지 않아서 내가 상처받는다면 그것은 나의 책임이다. 다른 이가 나에게 상처를 줄 수는 없다. 나 스스로 그렇게 할 뿐이다. 상처받은 느낌은 누구의 것일까? 그것이 내 것임을 알아차린다면 그것을 멈추게 하는 것도 나 자신이다. 모든 상처는 수신자 부담이다. 내가 허락하지 않는 한 그 누구도 나를 화나게 할 수 없고, 상처를 줄 수도 없기 때문이다.

끊임없이
단련하라

> 사서오경을 달달 외우고
> 주둥이로 공맹의 말씀을 이야기한다고 해서
> 군자가 되는 것이 아니다.
> 노동의 고통을 모르고 주둥이나 나불거리는 것은
> 머릿속에 똥만 가득 찬 버러지나 마찬가지임을 명심해야 할 것이다.
> — 드라마 '정도전'에서

　타이거우즈는 자세를 배우는 데에는 5분이 걸렸지만, 그것을 몸에 익히는 데는 3만 시간이 걸렸다고 했다. 대개 어떤 이론을 알기는 알겠는데 실제 해보면 잘 안 된다. 이것은 의식은 이해하지만 무의식 속 과거의 습관이 자동으로 반응하기 때문이다. 잘 안 되는 것은 지식이 부족해 그런 것이 아니라 살아온 오랜 습관 때문에 그렇다. 어웨이크너는 그것을 알아차리고 멈추는 것이 중요함을 안다.

즉, 알아차리고, 또 알아차리고, 또 알아차린다. 넘어지면 일어나고, 또 넘어지면 일어나고, 또 넘어지면 일어난다. 그러다보면 어느 순간 안 넘어지거나 넘어져도 빨리 일어난다. 빈도와 강도가 줄어든다는 이야기이다. 어웨이크너가 되기 위한 마음공부와 수행은 한 번의 시험으로 끝나지 않는다. 아무리 노력해도 외적·내적 조건에 걸리는 순간 '욱' 하고 좋지 않은 감정이 올라온다. '아, 그렇다면 배우고 수행해도 소용없는가?' 싶기도 하지만, 과거와 비교해보면 변해있음을 알아차린다. 공부해도 잘 안 되고 표가 나지 않는 것 같지만 항상 변화하고 있는 것이 어웨이크너의 모습이다.

> 과거의 마음을 얻으려 한다면 집착에 사로잡히게 될 것이며,
> 미래의 마음을 얻으려 한다면 욕망에 사로잡히게 될 것이다.
> 또한 현재의 마음을 얻으려 한다면 사리분별에 사로잡히게 될 것이다.
> – 최인호

버트란트 러셀은 '거지가 질투하는 대상은 백만장자가 아니라 좀 더 형편이 나은 다른 거지다'라고 이야기했다. 어웨이크너는 작은 것에 집착하지 않는다. 오히려 내 노력에 비해 더 빠른 성공, 내 역량과 그릇에 비해 더 큰 성공만큼 큰 실패는 없다는 것을 알고 있다.

> '마음의 법칙, 우주의 법칙을 알고 있으니
> 네가 날 싫어하면 그건 너의 문제야!
> 네가 날 좋아해도 그건 너의 문제야!
> 그분 참 좋은 분, 이건 나의 문제야!
> 그 인간 꼴 보기 싫어, 이것도 나의 문제야!'라고 스스로에게 이야기한다.

어웨이크너는 외롭지 않다. 둘이 있으면 같이 있어 좋고, 혼자 있으면 자유로워 좋다. 고독 또한 빛나는 시간으로 만드는 것이 바로 깨달은 자이자 깨우는 자인 현각자, 어웨이크너다.

04

실행을 막는
부정적 감정

변화를 갈구하는 사람들은 항상 실행에 목이 마르다. '백 마디 말보다 한마디 실천이 더 중요하다'는 말처럼, 과거와 현재 혹은 현재와 미래 사이에 '달라짐'이 있기 위해서는 실행이 매개체가 되어야 하기 때문이다. 하지만 이것이 제대로 되지 않으니 많은 사람들에게 실행이라는 것은 마치 강박관념처럼 작용하게 된다. 해야 한다는 것은 알고 있으면서 그렇게 하지 못하는 자신을 자책하거나, 매번 결심이 좌절당하는 상황 앞에서 실행에 대한 자신감은 점점 더 사라진다. 그러나 우리는 실행을 갈망하기 전에 '왜 실행하지 못하는가'라는 질문에 초점을 맞추어야 한다. 그 이유를 알고 원인을 제거하면, 실행은 자동적으로 이루어지기 때문이다. 바로 부정적 감정, 즉 우리 내부에 존재하는 원망, 분노, 자기연민, 질투가 무책임의 심리 상태와 하나가 되면서 실행을 가로막는 브레이크로 작동한다.

감정은 당신의 선택일 뿐이다

인간의 사고는 늘 '과거의 경험'을 토대로 진행된다. 난생처음 접하는 낯선 것을 봐도 사람은 본능적으로 과거의 경험을 통해 판단하게 되어 있다. 물론 이런 과정에 있어서 옳고 그름이란 없다. 우리의 두뇌와 심리가 이미 판단을 위해 끊임없이 비교하고 있기 때문이다. 문제는 이렇게 부정적 감정이 들면 사람은 실행에서부터 점점 멀어지게 된다. '예전에 해봤는데 되지 않았어(그러니까 지금도 되지 않을 거야)', '저번에 그 이유 때문에 불가능했어(그러니까 지금도 되지 않을 거야)'라는 생각이 우리의 일반적인 사고 패턴이다.

그런데 이런 상태가 심각한 문제인 이유는 그것이 점점 더 강화되기 때문이다. 심리학에서의 눈덩이 효과(Snowball Effect)는 부정적인 생각은 하면 할수록 그것이 더욱 커지고 단단해진다는 원리이다. 결국 부정이 부정을 부르고 그것이 점점 더 강하게 실행을 막는다는 의미이다. 하지만 실행하지 않으면 변화도 있을 수 없고, 결국 삶은 계속해서 퇴보의 길을 걷게 될 뿐이다. 그렇다면 그 반대도 가능할까? 만약 부정이 부정을 부른다면, 긍정이 긍정을 부르는 원리도 가능할까. 2001년 미국 버클리대학교 하커 교수 팀은 졸업앨범 사진에 나타난 여대생의 감정표현 지수와 30년 후 그녀의 행복지수를 비교해보는 실험을 진행했다. 그 결과 웃는 표정의 밝고 긍정적인 여성은 배우자의 선택에서나 대인 관계에서도 밝고 긍정적이어서 무척 행복한 생활을 하고 있었다. 그렇지 않은 경우는 그 반대의 결과를 나타냈다.

물론 이 실험이 주는 교훈은 '밝게 웃으면 행복해진다'는 것은 아니다. 긍정적인 성격이 결국 긍정적인 실행을 불렀고, 그것이 실제 현실에 큰 영향을 미친다는 의미이다. 이는 곧 부정이 부정을 부르는 것처럼, 긍정이 긍정을 부르는 것도 얼마든지 가능하다는 이야기다. 결국 부정과 긍정은 그 자체로 하나의 시스템이 되면서 연이어 또 다른 부정과 긍정을 부르게 된다. 물론 이렇게 반박하는 사람도 있을 것이다. "좋은 일이 생기면 긍정적이 되고, 나쁜 일이 생기면 부정적인 마음을 갖게 되는 것이다. 나쁜 일이 있는데도 긍정적이면 그게 더 이상한 것 아닌가?"

하지만 그렇지 않다. 사실 모든 것은 내 자신이 결정할 뿐이기 때문이다. 똑같은 일을 당해도 반응이 전혀 다른 경우는 흔히 목격할 수 있다. 교통체증을 겪거나 불친절한 식당의 종업원을 만나도 어떤 사람은 아무렇지도 않게 상황을 넘기는가 하면, 또 어떤 사람은 심하게 불쾌해하고 그것을 더욱 확대해석하는 경우까지 있다. 결국 모든 부정적인 감정은 본인 스스로 만들 뿐이다. 자신이 어떤 감정을 가질지는 결국 '나 자신'이 선택하고 결정하는 일이다.

정신질환과 무책임의 관계

그런데 여기에서 무책임이 결합되면서 상황은 더 심각해지기 시작한다. 그렇지 않아도 부정적인 상황에서 책임감까지 결여되면 삶에 대한 통제력을 잃게 되고 자아는 산산이 조각난다. 스스로 선택권이 있는 자유로운 주체임을 망각하게 되고 결국 모든 책임을 외부로 돌리면서 스스로를 '희생자'나 '인질'로 보게 되는 것이다. 그러다 결국에는 부정적 감정에서도 가장 강력하고 원천적인 상태인 원망이라는 상태에 돌입한다. 이런 상태에 빠진 사람들은 다음과 같이 이야기한다. "부모를 잘못 만났어, 난 불행한 애였어. 날 좀 보라고, 직업도 그렇고, 친구들도 그렇고, 다 별로야. 건강도 별로고, 날씨도 별로고, 경제사정도 별로야."

이런 상태가 지속되면 결국 '정신질환'으로 가는 것도 그다지 멀지 않았다고 할 수 있다. 정신과 의사인 토머스 사이즈는 그의 저서 『정신질환에 관한 신화』에서 이렇게 말했다. "정신질환이란 없다. 다만 다양한 무책임이 있을 뿐이다."

결국 부정적 감정과 무책임이 결합된 원망의 상태는 곧 실제 정신질환으로 가는 지름길이라고 해도 과언이 아니다.

우리는 다시 최초의 질문으로 돌아갈 필요가 있다. 실행이 간절하면 간절할수록, 그래서 그것이 심지어 강박처럼 되어갈 때에도 우리는 '실행'이 아닌 '감정'부터 찬찬히 살펴보아야 한다. 도대체 나의 행동에 제약을 걸고 있는 감정이 무엇인가를 되돌아보고, 그것을 스스로 집중적으로 관찰해보아야 한다. 이 감정의 문제가 풀리지 않는 한, 실행의 문제도 풀리지 않을 것이기 때문이다.

05

부정적 감정을 없애는
'대체의 법칙'

부정적 감정에서 벗어나기 위해서는 우선 '감정'의 특성을 알아야 할 필요가 있다. 감정은 그 성격상 가속도가 붙는다는 특징이 있다. 즉, 하나의 감정이 속도를 내기 시작하면, 좀처럼 다른 감정이 끼어들기 쉽지 않기 때문이다. 이는 하나의 맹렬한 폭주를 연상하게 한다. 분노가 가득 찬 사람의 모습에서는 그 어떤 것도 막지 못하는 폭주 본능을 발견할 수 있다. 스스로 감정의 속도를 자유자재로 조절한다는 것은 결코 쉬운 일이 아니다. 그렇다면 우리는 이런 감정 자체를 '대체'하는 방법을 활용해야 한다. '조절'이 아닌 '대체'는 우리의 부정적 감정의 문제를 해결하는 데 있어서 상당히 유용한 교훈을 전해줄 것이다.

책임을 선언하면 생기는 것들

크리스마스가 다가오면 흔히 거실에 트리를 놓곤 한다. 전기를 꽂으면 트리에 달려있던 전구들이 반짝반짝 빛난다. 만약 전구를 빛나지 않게 하려면 어떻게 해야 할까? 그냥 전기 코드를 뽑으면 된다. 무척 쉬운 일이다. 전기 코드를 뽑는 것처럼 쉽게 부정적 감정을 몰아내는 것이 바로 '대체의 법칙'이다. 나쁜 것을 좋은 것으로 대체하고, 후회했던 일을 의미 있는 일로 만들고, 과거의 좋은 일에 대해 감사하는 마음을 가지는 것이다. 미주리대학교의 로라 킹 박사는 이를 '절정경험 묘사하기'라고 표현한다. 인생에서 가장 근사했던 경험을 떠올리고, 그중 하나를 선택해 그 순간으로 돌아갔다고 상상하고, 그 기억을 자세히 묘사해 글로 적는 방법이다. 실제로 하루에 한 번씩 3일간 절정경험을 묘사했던 사람들은 육체적으로나 정신적으로 더 건강해지는 것을 확인하기도 했다. 이는 과거의 긍정적이고 행복했던 기억이 지금의 부정적 생각들을 대체했기 때문이다. 창문을 열고 바람이 들어오게 하면, 방 안에 있던 오래되고 나쁜 공기가 자연스럽게 몰려 나가는 것과 같은 이치다.

부정적 감정을 몰아내기 위해서는 책임감을 회복하는 일도 반드시 필요하다. 대개 부정적인 감정들은 자신이 책임을 지지 않으려는 게으른 습관에서 비롯되는 경우가 많다. 책임을 지려면 힘들고 괴롭기 때문에 차라리 그것에 대해서 부정적인 생각을 갖는 쪽이 더욱 편하다는 것이다. 여기 무거운 가방이 있고 당신이 그것을 들어야만 하는 상황에 처했을 때를 가정해보자. 그 가방을 들기 싫은 무책임한 사람은 지금 자신이 가방을 들어야 하는 상황 자체를 문제가 있다고 보거나, 혹은 '왜 내가 해야 하냐'며 상황을 부정하기 시작한다.

따라서 이럴 때는 부정적인 감정을 한쪽으로 제쳐둔 채, '맞아 이건 나의 책임이야'라고 선언하면 나를 감싸고 있던 부정적 생각의 감옥은 순식간에 달아나게 된다. 무언가 일이 잘못되었을 때, 그것을 남의 잘못이라고 원망하게 되면 '이건 누가 이랬지?', '도대체 나한테 왜 이러는 거야?'라고 생각하지만, 나의 책임으로 여기면 '좋아, 이제 어떻게 하지?', '내가 지금 뭘 할 수 있을까?'라며 긍정적으로 생각하게 된다.

나의 책임을 인정하는 순간, 부정성에 사로잡혀 있던 생각은 빠르게 긍정성으로 전환되고 문제의 해결을 위한 진정성을 회복하게 된다.

동일시에서 벗어나기

마지막 하나는 '중립적인 자세'를 취하는 것이다. 이는 상황과 자신을 동일시(Identification)하는 습관에서 벗어나 감정적인 휩쓸림을 방지하는 것이다. 의사는 환자의 병을 자신의 병으로 생각하지 않고, 변호사는 의뢰인의 죄를 자신의 죄로 인식하지 않는다. 이것은 동일시에서 완전히 벗어나 있다는 것을 의미한다. 그런데 만약 이런 동일시가 심각해지면 이것 자체가 바로 부정적 감정을 부르게 된다. 누군가의 심각한 문제에 대해 조언을 해주다가 자신도 모르게 화가 나는 경우도 있다. 상대가 답답하고 어리석다고 여겨지며 도저히 이해가 되지 않기 때문이다. 사실은 이런 과정에서 '동일시'가 포함이 되어 있다. 만약 자신에게 부정적인 생각과 마음이 든다면, 멀찍이 떨어져 '반(反) 동일시'를 하면 된다.

"당신이 뭘 말하고 어떻게 행동하든, 난 아직도 가치 있고 쓸 만한 사람이야."

"상황이 어떻게 변하든 나는 아직도 충분히 뭔가를 해낼 수 있는 사람이야."

"상황이 어떻게 돌아가든, 나에게는 아직 방법이 많고 나는 그것을 충분히 활용할 수 있어."

이런 적극적인 반동일시의 과정은 앞에서 말한 '대체의 법칙'에 의해 부정적인 감정을 몰아내게 된다.

부정적 감정을 몰아낸다는 것은 행동을 가로막던 장애물을 치우는 행위이다. 그리고 이때부터는 스스로 새로운 힘과 활력을 찾아 나서게 된다. 미시건대학 바바라 프레드릭슨 교수의 '확장과 구축이론(Broaden &

Build theory)'에 따르면, 사람은 긍정적인 활력의 기운이 돌기 시작하면서 새로운 지식을 수용하고 탐구하며 창의성을 위해 노력하게 된다. 더불어 새로운 기술과 인맥, 지식을 발견하고 추구한다. 이런 긍정성은 곧 적극적인 행동으로 이어지고 더 높은 성과를 낳게 마련이다. 결국 부정성이 나가고 긍정성이 자신을 지배하는 순간, 실행력 자체가 높아진다는 이야기다.

06

실행은 그 자체로
위험의 감수가
전제된다

사람들이 실행에 돌입하지 못하는 가장 큰 이유는 미래의 위험이 걱정되기 때문이다. 부정적 감정이 '과거'에 걸려 실행하지 못하는 것이라면, 위험을 감수하지 못하는 것은 '미래'에 걸려 실행하지 못하는 것이라고 할 수 있다. 그런데 본질적인 의미에서 '모든 실행은 위험을 감수하는 연속적인 과정'이라고 말할 수 있다. 이것은 아주 쉽게 말해 '밥을 먹고 씹는 행위를 하지 않는 이상, 배는 부를 수 없다'는 것과 동일한 원칙이다. 먹고 씹는 수고로움을 감내해야 배가 부르듯, 위험을 감수해야 진짜 실행이 시작된다. 위험을 '감수(甘受)한다'는 표현 자체에 이미 달게 받아들이고, 기꺼이 즐기겠다는 의미가 포함되어 있다. 때로는 공포감, 떨림, 두려움을 이겨내고 행동에 나서는 것. 그것이 바로 용기이며 진정한 실행의 첫발자국이다.

더 많은 선택과 자유를 위한 관문, 위험

갈매기는 험한 바위틈과 깎아지른 절벽에 집을 짓는다. 이는 포식자로부터의 침입을 방지하기 위한 부모 갈매기들의 피나는 노력의 일환이다. 때로 절벽에 부딪히기도 하고, 앉을 곳을 찾지 못해 힘겹게 다시 날아오르는 일이 있어도, 갈매기들은 결코 '새끼를 위한 안락한 둥지'를 포기하지 않는다. 이렇게 만들어진 둥지에서 자라난 새끼들은 안전하게 부모가 가져다주는 먹이를 먹으며 자란다. 그들에게는 행복한 나날의 연속이겠지만, 시간이 흐르면서 극한의 위험을 마주하게 된다. 어느 정도 컸을 때 둥지 밖으로 나와 하늘에 자신의 몸을 맡기는 극한 시험이 시작되기 때문이다. 처음 만나는 절벽, 거센 바람, 몸을 뒤틀리게 만드는 난기류는 어린 새끼들을 위험 속으로 몰아넣는다. 물론 이 과정에서 절반에 가까운 새끼들이 절벽으로 추락해 하늘을 제대로 날아보지도 못하고 죽게 된다.

이런 갈매기의 둥지와 새끼 갈매기들의 생존을 위한 비상의 과정에서 우리는 두 가지 위험을 마주하고, 그 위험의 결과가 가져다주는 성과를 알 수 있다. 첫 번째, 어른 갈매기는 안전한 둥지를 만들기 위해 절벽에 부딪히는 고통과 위험을 감수하고 있으며, 어린 갈매기는 무한한 자유와 더 넓은 세상으로 나아가기 위해 첫 번째 비상이라는 위험을 감수하는 것이다. 만약 어른 갈매기가 위험을 감수하지 않았다면 안락한 둥지를 만드는 실행을 할 수 없었을 것이고, 새끼 갈매기도 추락할 수 있는 위험을 감수하지 못했다면 어른 갈매기가 될 수 없었다. 자연의 법칙은 이렇듯 우리에게 '위험의 감수와 실행'이 어떤 관련을 맺고 있는지 여실히 보여준다.

사실 이 실행이라는 것은 그 자체로 '위험의 감수'를 내재하고 있다. 그러니까 '그냥 실행'은 있을 수 없으며, 모든 실행은 '위험을 감수한 실행'이라는 의미이다. 단지 정도의 차이가 있을 뿐이다. 따라서 위험을 감수하지 않겠다는 것은 곧 실행 자체를 하지 않겠다는 의미와 동일하다.

존 홉킨즈 대학의 소아과 과장으로 세계 최초의 샴쌍둥이 분리수술을 성공한 의사 벤 카슨은 이른바 '신의 손'이라는 별명까지 얻었다. 그는 자신의 저서 『위험을 감수하라(Take the risk)』에서 이렇게 밝힌 바 있다. "언젠가 한 기자가 이렇게 물은 적이 있었다. 내가 머리가 붙은 샴쌍둥이 자매의 분리수술 같은 위험한 일들을 수없이 해냈는데, 어떻게 그런 위험을 의사로서, 또 한 사람의 인간으로서 무릅쓸 수 있었느냐는 것이었다. 내 대답은 이랬다. '뭐 하러 위험을 감수하느냐'고요? 아닙니다. 위험을 감수하지 않는 게 이상한 겁니다."

'너무 늦은 때'란 없다

사실 벤의 어린 시절은 무척이나 불우했다. 어머니는 초등학교도 채 끝마치지 못한 상태에서 13살에 결혼해 벤을 낳았으며 그마저도 이혼을 하고 말았다. 벤은 흑인이라 따돌림을 당하는 것은 물론이고 어느덧 문제아가 되고 있었다. 하지만 어머니는 그에게 '노력하면 무엇이든 할 수 있다'는 신념을 주었고 이를 통해 벤은 자신감의 회복은 물론, 스스로 최고가 되고자 노력했다. 이런 과정에서 벤에게 위험의 감수는 너무도 당연한 일이 아닐 수 없었다. 결국 지금까지 해온 방식을 그대로 고수한다면, 결국 우리는 이미 가진 것 외에는 더 얻지 못한다. 한 번도 가지지 못한 것을 가지려면, 지금까지 한 번도 안 해 본 일을 해야만 한다. 기회는 언제나 위기라는 문 뒤에 있고, 실행은 위험의 감수와 함께 있다.

사업의 세계는 이런 위험의 감수가 어떤 역할을 하는지 아주 극명하게 보여주는 곳이기도 하다. 콕스 경영대학원 기업연구소의 제리 화이트 교수는 「포브스」지가 선정한 400대 부호의 취미를 분석했더니 그들 대부분이 카드놀이의 고수라는 점을 발견했다. 그는 "기업가들은 운명을 스스로 개척하려는 본능적인 욕구가 강한 사람이다"라며 결국 그것은 위험감수 능력에서 기인한다고 말했다. 또한 '상식 파괴자'라고 불릴 정도로 창의성을 인정받고 있으며 영국 투자계의 전설인 제임스 골드스미스 역시 '위험을 감수하는 모험정신'을 강조했다. "누구나 다 하는 일을 이제 시작하려고 한다면서, 때는 이미 너무 늦었다고 모험을 하지 않으려는 것이 가장 큰 모험이다."

위험을 감수하라는 것은 결코 당신 스스로를 불안의 코너로 몰아가라는 의미가 아니다. 또한 불투명한 미래로 생각 없이 걸어가라는 비합리적인 주문도 아니다. 이제껏 당신이 보지 못했던 새로운 차원으로 진입하라는 것이며, 가지지 못했던 또 다른 것을 가지라는 이야기이다. 그리고 그 여하한 과정에서 겪을 수 있는 많은 실패를 딛고 더 나아진 당신을 만나라는 이야기이다.

시간관리의 심리학

 꾸준한 실행을 통해 자신의 목표에 다가가는 사람은 '시간관리'에 철저한 면이 있다. 이것이 잘 되지 않으면 아무리 내면에서 강렬한 목표를 잡아도 그 성취의 시간은 점점 늦어진다. 여기서 특히 중요한 것은 '시간 관리'를 곧 '인생을 관리한다'라고도 할 수 있다는 점이다. 사람들은 '시간이 부족하다'고 말하지만 사실은 시간이 부족한 것이 아니라 '시간관리 능력'이 부족하다고 하는 것이 보다 정확하다. 모든 이들에게 똑같이 주어진 24시간이기에, 자신의 분야에서 남다른 성취를 거둔 사람들은 모두 시간관리의 달인이라고 해도 과언이 아닐 것이다.

 ① 하루의 1%를 투자해 일의 목록을 작성하라
 목표 달성을 위한 시간 관리의 첫 출발점은 계획과 목록을 작성하는 일이다. 하루의 1%는 15분이 채 되지 않는 시간이다. 이 시간을 투자해서 글을 써서 정리하고 목록을 작성해놓으면 해야 할 일이 한 눈에 들어오게 된다. 계획이 없는 행동은 대부분 실패하기 마련이고, 행동이 없는 계획은 공허할 뿐이다. 따라서 계획을 세우고 그것에 맞추어 정확하게 실행하는 것, 바로 이것이 시간 관리의 첫 번째 황금률이라고 할 수 있다. 이 목록을 정하기에 가장 좋은 시간은 바로 하루가 끝나는 밤의 시간이다. 이렇게 전날 밤에 목록을 작성하면 잠든 사이에 무의식이 그것을 열심히 생각하고 다음 날 아침에 그에 대한 해결책을 제시해주기도 한다.

② 목록을 작성하되 우선순위를 정하라

'ABCDE 시스템'을 활용하면 우선순위를 정하기가 쉽고 간단하다. A는 우선순위 1위, B는 2위이다. 이 두 가지는 '결국은 반드시 해야 하는 일'의 범주이다. C는 특별히 중요하진 않지만 A와 B를 끝내고 시간이 있으면 할 수 있는 일이다. D는 남에게 위임하는 것이 좋고 E는 아예 지워야 한다. 가장 중요한 것은 A1을 끝내기 전에는 A2나 B를 건드리면 안 된다는 점이다. 그리고 스스로 거듭해서 반복적으로 질문하고 계속 대답하는 과정도 중요하다. '지금 이 시간을 가장 가치 있게 쓸 수 있는 일이 무엇인가?'라고 말이다.

③ '지금 당장' 하는 습관을 들여야 한다

스스로 마감 시간을 정하고 일을 질질 끌지 않는 발 빠른 감각을 길러야만 한다. 일은 미룰 때마다 피곤하고 우울해지지만, 조금이라도 빨리 끝내기 시작하면 마음에 활력이 돈다. 지금 당장 하고 싶은 마음이 들고 이것이 습관화되면 더 이상 미루지 않을 것이다.

07

용기를 내는 데 있어서
필요한 각성과 관찰

실행의 세계로 뚜벅뚜벅 걸어가기 위해서는 반드시 한 가지 마음가짐이 전제되어야 한다. 그것은 바로 '용기'이다. 위험을 감수하는 자세를 가지기 위해서는 무엇보다 내면에서 우러나오는 용기를 장전해야 한다. 용기를 뜻하는 영어단어 'courage'. 이를 우리의 마음속에 품는 것은 'encouragement', 즉 격려가 된다. 문제는 이 용기가 들어와야 할 자리에 의기소침과 낙담(discouragement)이 함께 들어온다는 점이다. 낙담이라는 단어는 바로 우리 마음의 '용기'에 반대나 부정, 또는 결핍을 나타내는 접두사 '디스(dis)'가 붙으면서 변질된 우리의 마음을 말해준다. 이런 용기와 그것의 변질은 수시로 일어나는 일이기도 하다. 따라서 우리는 용기를 내는 순간부터, 계속해서 낙담과 싸워야 하는 또하나의 숙명을 어깨에 짊어진다. 하지만 이것이 고통스러운 노동의 연속만은 아니다. 그 뒤에는 용기가 만들어내는 생각지도 못했던 달콤한 결과가 기다리고 있기 때문이다. 따라서 우리는 이제 어떻게 용기와 만나고 그것을 유지하고, 미래의 불안함을 견딜 수 있는지 알아야만 한다.

실행과 용기를 부르는 '우주적 각성'

용기를 낸다는 것은 그저 이성적인 논리에 의해서, 합리적인 결정에 의해서 가능한 것은 아니다. '그래, 용기를 한번 내보지 뭐'라거나, 혹은 '용기 있는 삶을 살아보자'라는 다짐만으로 가능한 것은 아니라는 이야기이다. 용기는 그 누구도 억누를 수 없는 마음속에서 우러나오는 '진정한 각성'에서 시작된다. 이런 삶에 대한 각성은 주변의 비판에 신경 쓰지 않고 앞으로 다가올 불안도 없애는 진짜 용기를 동반하게 된다.

가장 대표적인 인물은 바로 40대의 젊은 나이에 휴랫팩커드의 사장을 지낸 칼리 피오리나다. 캘리포니아대 법학대학원에 진학했던 그녀는 남들이 보기에는 똑똑하고 지혜로운 삶을 살고 있는 듯 보였다. 대학은 사회로부터 안전하게 그녀를 지켜주었으며 부모님 또한 그녀의 삶이 행복하리라 생각했다. 그런데 문제는 그녀가 늘 불면과 두통에 시달렸다는 점이다. 사실 그녀는 법학을 전공하기 싫었고 이를 아버지에게 이야기했음에도 불구하고 문제는 해결되지 않았다. 그러던 어느 날, 그녀는 샤워를 하며 자신의 운명을 바꾸는 각성을 하게 됐고, 그것이 곧 용기와 실행을 가져왔다. 그녀는 훗날 욕실에서 겪은 당시의 일에 대해 이렇게 이야기했다. "나는 샤워를 하면서 문득 내 인생의 목적에 대해 생각하게 됐다. 부모님을 기쁘게 해드리는 법대에 다니는 것이 다가 아니라는 사실을 알게 된 것이다. 내가 가진 모든 능력, 그리고 나를 사로잡는 도전적인 일을 찾고 싶은 마음이 강렬했다. 나의 인생은 나의 것이라는 생각이 들었고 불안하고 고통스러운 상황이었지만, 용기를 내게 되었다. 두통과 불면은 그날부터 사라졌다."

법대를 중퇴한 그녀가 화려하고 미래의 가능성이 높은 직업을 얻기는 힘들었다. 비서직이나 단순 안내직, 부동산 중개업소의 임시직만이 그녀가 할 수 있는 전부였다. 하지만 그녀의 가슴 속에는 오히려 벅찬 미래에 대한 기대감이 솟아오르고 있었다.

이렇게 자신의 목소리와 정면으로 마주한 사람들이 얻게 되는 각성은 순식간에 그를 '실행'이라는 거대한 물길로 들어서게 한다. 이런 각성을 통해서 자신의 삶을 바꾼 사람들은 수없이 많다. 세상을 바꾼 리더들은 물론이거니와 일상에서도 이런 것을 느끼고 용기를 내는 사람이 많다. 그들이 했던 한 가지는 바로 자신을 정면으로 마주보고 진정으로 원하는 것이 무엇인지 진지하게 질문한 뒤, 영혼이 말하는 답에 수긍했다는 점이다. 이는 바로 우주심과 연결되는 순간이다.

신화학자 조셉 캠벨은 이런 과정을 '우주와 공명하고 있다는 느낌'이라는 말로 표현했다. "어떤 떨림, 내가 우주와 공명하고 있다는 그 느낌이 들면 그것에 진실해야 한다. 그때는 사자의 대가리에 머리를 들이밀며 될 대로 되라고 믿는 용기가 필요하다. … 나는 늘 이렇게 말한다. '육신과 영혼이 가자는 대로 가거라.' 일단 그런 느낌이 생기면 그 느낌에 머무는 것이다. 그러면 어느 누구도 우리 삶을 방해할 수는 없다."

철저한 계산과 관찰도 반드시 수반되어야

그런데 한 가지 오해하지 말아야 할 것은 위험을 감수하는 용기라는 것이 무작정 내 길을 가겠다는 식의 독불장군의 행보라고 생각해서는 안 된다는 점이다. 그 위험이 무엇인지도 모르고, 일단 무작정 가보고 결정하겠다는 것은 안개 속에서 절벽을 향해 내달리는 격일 수도 있기 때문이다. 따라서 '위험 감수만이 진정한 실행을 가져온다'는 생각으로 용기를 가져야 하지만, 이와 함께 수반되어야 하는 것이 바로 그 위험에 대한 철저한 사전 분석이기도 하다. 그리고 그것은 바로 '계산된 위험'이라는 말로 표현할 수 있다. 위험을 충분히 감당할 용기를 가지되, 어떤 위험이 닥칠지는 반드시 알고 있어야 용기를 지속하고 더욱 강하게 추진할 힘을 얻게 된다는 것이다. 만약 이런 과정이 없다면, 우리의 마음 한쪽에 자리 잡고 있던 낙담과 의기소침의 힘은 어느 순간 더욱 커지게 된다. 이것과 싸워 이기기 위해서라도 우리는 지금 나에게 닥친 위험이 어떤 것인지를 더욱 면밀하게 조사해야 할 필요가 있다.

미국의 '뉴욕 메트로폴리탄 오페라단'은 지난 수년간 꾸준히 침체를 겪어왔다. 관객 수는 계속해서 줄어들었고 매출은 반등할 기미가 없어 보였으며 젊은 층은 오페라를 외면했다. 그러던 2006년 피터 겔브 단장이 취임하면서 상황은 서서히 달라지기 시작했다. 그는 이렇게 포문을 열었다. "메트로폴리탄 오페라단의 가장 큰 위험은 전혀 위험을 감수하지 않으려는 것이었다. 아무 것도 하지 않는 것만큼 큰 위험은 없다."

이후 그는 여러 가지 모험적인 시도를 하기 시작했다. HD카메라로 오페라 공연의 실황을 촬영해 위성을 통해 전 세계에 송출하는가 하면 평균 400달러의 관람료를 무려 33달러로 내렸다. 그 결과 전 세계 60여 개국에서 20만 명 이상이 오페라를 즐기기 시작했다. 물론 이런 과정이 순탄하지는 않았다. 직원과 노조, 예술가들은 '예술을 싸구려로 만들려는 행위'라며 비난을 서슴지 않았고 그에 따른 저항도 많았다. 하지만 그는 그 모든 위험을 감수하면서 결국 혁신을 성공시켰다. 훗날 피터 겔브 단장은 이렇게 말했다. "당시 많은 사람들이 변화를 망설였습니다. 직원들은 저항했고, 메트로폴리탄 오페라의 전통도 퇴색할 가능성이 있었습니다. 그나마 유지되어 왔던 기존 고객마저 이탈할 위험이 있었죠. 하지만 이런 두려움을 해소하기 위해서는 철저한 준비가 필요했습니다. 중요한 건 '계산된 위험을 갖는' 겁니다."

그가 과감하게 실행할 수 있었던 것은 위험에 맞설 수 있다는 계산, 그리고 설혹 변수가 등장하더라도 충분히 대응하겠다는 용기가 동시에 존재했기 때문이다. 경영학의 구루라고 불리는 피터 드러커 역시 비슷한 말을 한 적이 있다. "모험을 즐기는 혁신가들이야 말로 누구보다도 보수적인 사람들이다. 그들은 위험을 최소화하기 위해 먼저 위험이 무엇인지 확실하게 규명한다."

이것은 '눈을 가리고 빗속으로 뛰어드는 것 VS 빗속으로 뛰어들지만 눈을 크게 뜨는 것'에 비유할 수 있다. 전자는 무모함이고, 후자야말로 진정한 용기이다. 눈앞에 반드시 위험이 있고 그것이 어떤지도 알지만, 맞서겠다는 의지를 내는 것이기 때문이다.

또한 용기는 창의성과도 아주 깊은 관련을 맺고 있다. 창의성 연구자인 폴 토렌스는 한 고등학교 3학년 학생 700여 명을 대상으로 창의성 검사를 시행했다. 그리고 그 점수가 높은 115명을 추려, 다시 그렇지 않은 아이들과 비교했다. 그 결과 창의성이 높은 학생들은 경험이나 직관, 사회적 압력에 대한 저항 등 용기로 분류될 수 있는 항목의 수준이 매우 높은 것으로 나타났다. 반면 규율이나 전통을 지키는 것, 수동적 동조는 아주 낮았다. 결국 창의성은 주어진 한계를 극복하고 용기 있게 나서는 자에게 주어지는 선물이라는 이야기이다.

자신의 인생에서 단 한 번이라도 진정한 용기를 만날 수 있다면 그것은 큰 행운이라고 할 수 있다. 그것은 타인에 의해 뒤틀려진 삶의 행보를 온전히 스스로의 의지와 생각대로 옮겨놓는 일이며, 모두가 힘들고 위험할 것이라고 말하는 것에 도전할 수 있는 영광을 얻는 일이기 때문이다. 용기를 가지고 싶은 당신은 이제 삶에 대한 각성과 위험에 대한 관찰을 통해 끊임없이 튀어나오려고 하는 낙담과 자신 없음을 이기고 결국 스스로가 원하는 바를 성취할 수 있을 것이다.

08

성공은
작은 성공의 합

    우리는 놀라운 실행을 통해 자기변화를 이끌어 낸 사람들을 보면서 감탄과 경의를 표한다. '어떻게 저런 일을 해낼 수 있었을까?', '정말 일반 사람들과는 다른 대단한 사람이다.'와 같은 말들이다. 그리고 그 생각의 이면에서는 슬며시 자신에 대해 패배감이 공고화된다. '나는 저렇게까지는 못할 거야.' 하고 말이다. 그러나 이는 실행의 과정과 그것이 어떻게 성공으로 전환되는지에 대한 이해가 부족하기 때문에 생기는 오해일 뿐이다. 그들이 '대단한 사람'도 아니거니와 당신이 '저렇게까지 못할 사람'도 아니다. 실행과 그것이 만들어내는 성공의 관건은 바로 '작은 성공'에서부터 시작했다는 점이며, 실패를 경험해도 결코 멈추는 일 없이 '계속해서' 그 일을 했다는 점일 뿐이다. 결국 큰 성공 역시 무수한 작은 성공의 총합이라는 사실을 알게 될 때, 당신도 실행과 성공에 대한 자신감을 가질 수 있을 것이다.

꾸준한 의지를 심어주는 작은 성공 체험

물의를 일으켜 감옥에 수감된 권투 선수 마이크 타이슨의 복귀전이 치러진 것은 1995년 8월이었다. 상대방은 무명의 피터 맥닐리. 경기는 89초 만에 너무도 쉽게 타이슨의 승리로 끝나고 말았다. 4개월 후에 다시 치러진 경기의 상대는 버스터 마티스 주니어. 일단 그는 가슴과 배가 너무 나와 권투선수로서의 자질이 의심스러울 정도였다. 마찬가지로 경기는 3회 만에 타이슨의 승리로 끝났다. 뛰어난 수완을 자랑했던 프로모터 돈 킹의 이런 경기 주선에 팬들은 실망의 말을 하기도 했다. '타이슨의 상대로는 너무 약한 사람들만 고른 것 아닌가?'

하지만 3개월 후 이번에는 제대로 된 선수가 등장했다. WBC 헤비급 챔피언인 영국의 프랭크 브루노. 타이슨은 역시나 그를 상대로 3회 KO승을 이루어내 가석방 중에 세계챔피언의 자리에 등극할 수 있었다. 사실 이 모든 과정은 돈 킹의 치밀한 전략적 선택이었다. 그는 수감이 되어 자신감이 떨어진 타이슨이 성공적으로 복귀할 수 있는 계획을 짜기 시작했고, 그것은 바로 '작은 성공의 경험을 통해서 강한 자신감을 심어주자'는 것이었다.

사실 사람들이 실행하지 못하거나, 목표를 세워놓고도 그것을 꾸준히 실천하지 못하는 것은 지나치게 무리한 목표를 세웠기 때문이기도 하다. 조그만 장애에 부딪히거나 혹은 너무 시간이 오래 걸린다고 생각하면 쉽사리 포기하는 경우가 종종 있다. 일단 실행하기는 했지만, 그 실행이 장기화되지 못하는 것은 결국 애초의 제로 상태나 다름이 없다. 이런 때 가장 좋은 해결방법은 바로 '작은 성공'을 체험하고 그것을 통해 실행의 동력을 강화하는 것이다. 한 번에 에베레스트를 오르려 하지 마라. 동네 뒷산을 가소롭게 여겨서는 안 된다. 뒷산을 올라가면 놀랍게도 뒷산에 가려 보지 못했던 멋진 산들을 발견할 수도 있다. 이것이 인생이다. 따라서 아주 작은 일이라도 실행 가능한 목표를 세운 후, 확실하게 그 목표를 달성하는 경험을 해보는 것이 중요하다. 그리고 이런 작은 성공은 더 큰 성공을 가져다주는 초석이 되고는 한다. 특히 인생의 계획과 현재의 위치 사이의 너무나 먼 거리를 한걸음에 뛰어 넘으려다 보면 패배감을 맛보기가 쉽다. 따라서 최종목표에 도달하기 위한 세부 목표들로 세밀히 쪼개어 그 목표별로 실행 계획을 세우면서 한 걸음씩 착실히 달성하는 방법을 모색할 필요가 있다. 이것을 '작은 성공 체험효과'라고 부른다.

미국 미시간대 교수인 칼 와익은 조직이론의 대가이며, 그가 주장한 이론이 바로 '작은 승리 전략(Small Wins Strategy)'이다. 사람은 특정한 문제를 해결할 수 없다는 불가능한 인식이 들수록 무기력과 불안이 가중된다. 따라서 결국 실행을 해보기도 전에 압도당해 파국을 맞는 경우가 숱하다. 반면에 문제를 잘게 쪼개서 작은 것부터 승리하면 성취감과 안정감을 느끼게 되고 비로소 지속적으로 실행할 수 있는 힘이 생기게 된다.

거인을 바라보는 새로운 프리즘

주변에서도 이와 같은 사례는 얼마든지 찾아볼 수가 있다. 대중들에게 많은 인기를 얻고 있는 김성주 아나운서도 바로 이런 궤적을 통해 지금의 성공을 일궈낸 인물이다. 그가 처음으로 아나운서에 도전했던 것은 95년도였다. 하지만 계속해서 낙방의 연속이었다. 그것도 최종면접에서 자꾸 떨어지니 아쉬움이 남을 법했다. 심지어 한 방송국 사장은 면접 자리에서 '자주 보는 얼굴이다. 당신이 왜 떨어진다고 생각하는가? 당신이 꼭 필요한 인재라는 것을 설득하면 합격시켜 주겠다.'고 말했다. 하지만 결과는 또다시 낙방. 설상가상 IMF 체제가 시작되면서 상황은 더욱 어려워지기 시작했다. 이제는 주변 사람들마저 '아나운서는 아무나 하는 것이 아닌 것 같다'며 힘을 빼는 이야기를 하기 시작했다. 하지만 그는 조그만 케이블TV에 입사하며 다시 전열을 가다듬었다. 물론 그 사이에도 계속해서 공중파 방송국 시험에 도전했다. 실전에서 그는 일을 가리지 않았다. 아니, 가릴 수 있는 형편이 아니었다. 축구나 야구는 물론이고 당구나 핸드볼 등 비인기 종목의 경기도 최선을 다해 중계하면서 생활을 해나갔다. 한 달에 수백 편을 해설했지만 손에 쥐는 돈은 쥐꼬리만한 정도였다. 힘든 하루 일과를 끝내고 집에 돌아와서는 눈물을 흘리기 일쑤였다. 하지만 결국 그는 2005년, 드디어 MBC에 입사할 수 있었고, 이후 지금의 자리에 설 수 있었다. 그는 한 인터뷰 기사에서 이렇게 이야기했다. "그렇게 고생했던 지난 5년의 시간을 돌이켜 보면 너무나 소중합니다. 만약 제가 케이블TV라는 마이너리그에 몸담지 않았다면 방송의 소중함을 그렇게나 절실하게 느끼지는 못했을 것입니다. 밤 12시건, 새벽 5시건, 방송만 있다면 언제든 달려 나갈 각오가 되어 있는 것도 모두 당시의 힘든 경험이 준 교훈이라고 할 수 있습니다."

이제는 많은 아나운서들의 롤모델이 된 김성주 아나운서도 결국에는 자신이 원하는 것을 조금씩 실행하고 그것으로 성공을 만든 사람이다.

결국 당신이 알고 있는 또 다른 '대단한 사람들'도 잘게 쪼개 조금씩 실행했던 사람일 뿐이다. 성공하는 사람은 실패하는 사람들이 '어쩌다' 하는 일을 '꾸준히' 하는 사람이기 때문이다.

당신이 원하는 미래의 목표가 '거인'으로 보인다면, 그것에 '세분화된 프리즘'을 가져다 댈 필요가 있다. 5년 뒤에 이루어질 거대한 일도, 그 프리즘으로 본다면 잘게 쪼개져 '오늘 해야 하는 일'이 무엇인지 알 수 있다. 그리고 당신이 할 일이라고는 그저 '오늘 해야 하는 일'에 집중하는 것뿐이다. 오늘이 끝나고 내일이 되고, 그것이 1년이 되고 5년이 되면, 드디어 당신도 그 거인을 정복한 '대단한 사람'이 되어 있을 것이기 때문이다.

삶의 각성을 이끄는 인생의 소중함

보지도, 듣지도, 말하지도 못했던 헬렌 켈러가 쓴 수필, 『사흘만 볼 수 있다면(Three Days to See)』은 「리더스 다이제스트」에 의해 20세기 최고의 수필로 선정된 글이다. 헬렌 켈러의 글을 접하면 우리가 얼마나 큰 축복 속에서 살고 있는지를 새삼 생각하게 되고, 또한 나의 남은 삶을 어떻게 살아나가야 할지를 각성하는 데 큰 도움을 준다.

"만일 내게 유일한 소원이 하나 있다면, 그것은 죽기 전에 꼭 사흘 동안만 눈을 뜨고 세상을 보는 것이다. 만약 내가 눈 뜰 수 있다면, 눈을 뜨는 첫 순간 나를 이만큼이나 가르쳐준 스승 앤 설리번을 찾아갈 것이다. 지금까지 손끝으로 만져 익숙해진 그 인자한 얼굴, 그리고 그 아름다운 몸매를 몇 시간이고 물끄러미 바라보며 그 모습을 내 마음 깊숙이 간직해둘 것이다. 그다음에는 친구들을 찾아갈 것이며, 그다음은 들로 산으로 산보를 나가리라. 바람에 나풀거리는 아름다운 잎사귀들, 들에 핀 예쁜 꽃들과 저녁이 되면 석양으로 빛나는 아름다운 노을을 보고 싶다. 다음날 일어나면 새벽에는 먼동이 트는 웅장한 광경을, 아침에는 메트로폴리탄에 있는 박물관을, 그리고 저녁에는 보석 같은 밤하늘의 별들을 보면서 또 하루를 보낼 것이다. 마지막 날에는 일찍 큰길에 나가 출근하는 사람들의 얼굴 표정을, 아침에는 오페라하우스, 저녁에는 영화관에 가서 영화를 보고 싶다. 밤이 되면 건물의 숲을 이루고 있는 도시 한복판으로 걸어 나가 네온사인이 반짝이는 쇼윈도에 진열

된 아름다운 물건들을 보면서 집으로 돌아올 것이다. 그리고 눈을 감아야 할 마지막 순간, 사흘 동안이나마 눈으로 볼 수 있게 해주신 나의 하나님께 감사의 기도를 드리고 영원히 암흑의 세계로 돌아가리라.”

오늘은 어제 죽은 자들이 갈망하던 내일이다. 오늘은 남아있는 인생의 첫날이기도 하다. 평범한 하루가 모여 위대한 생을 이루게 된다. 우리의 인생은 한 번밖에 없고, 연습할 수도 반복할 수도 없는 일회성의 시간이다. 하루하루 주어진 일에 최선을 다하고 오감으로 느껴지는 모든 것들로부터 매일 새로운 행복을 느끼며 살아가야 하는 것은 우리의 권리이자 의무이기도 하다. 자신에게 주어진 것을 감사하며, 이 소중한 인생을 어떻게 만들어 나가야 할지 자신과 마주하며 각성해 나가는 시간이 꼭 필요하다.

삶의 수레바퀴

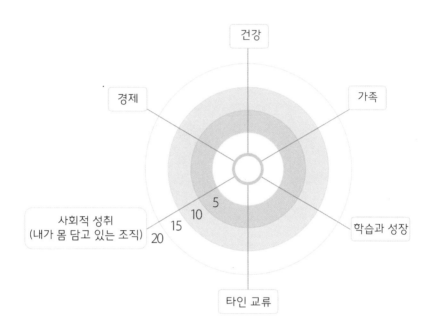

   항목 각각의 성취도 100%를 20점 만점으로 했을 때, 현재 나의 점수는 얼마나 될까요? 해당 점수의 선 위에 점을 찍으십시오. 그리고 그 점들을 모두 연결하십시오.

   3년(5년) 후 나는 어떠한 그래프를 그리고 싶습니까? 3년(5년)후 내가 만들고 싶은 점수에 점을 찍고 선으로 점을 연결하세요.

   그렇게 변화하기 위해서는 가장 먼저 해야 하는 행동을 항목별로 하나씩 적어보세요(다음 쪽).

생생한 미래를 떠올려라

3년 후 또는 5년 후 각 분야별로 이루고 싶은 나의 목표를 적어보세요. 목표를 달성한 나의 모습을 오감을 총동원해 기술해 보세요. 그림을 그려도 됩니다.

건강 원하는 목표 │ ____ 년 후인 20 ____ 년

01 **02** **03**

생생한 모습 기술 또는 스케치

학습과 성장 원하는 목표 │ ____ 년 후인 20 ____ 년

01 **02** **03**

생생한 모습 기술 또는 스케치

경제 원하는 목표 | 년 후인 20   년

01   02   03

생생한 모습 기술 또는 스케치

사회적 성취 원하는 목표 | 년 후인 20   년

01   02   03

생생한 모습 기술 또는 스케치

타인 교류 원하는 목표 | 년 후인 20 년

01

02

03

생생한 모습 기술 또는 스케치

가족 원하는 목표 | 년 후인 20 년

01

02

03

생생한 모습 기술 또는 스케치

믿음 시스템의 구축
(Building a Winning Belief System)

먼저 당신이 성취하고 싶은 목표를 생각해 아래에 적어보세요.
나의 목표 :

머리(Head), 가슴(Heart), 배(Gut)에 각각 체크하시오.
(1은 가장 낮은 정도이고, 5는 가장 높은 신념의 정도)

번호	내용		1점	2점	3점	4점	5점
A	나의 이 목표는 바람직한 것이며 중요하다. 나는 그것을 이루길 원한다.	머리 Head	☐	☐	☐	☐	☐
		가슴 Heart	☐	☐	☐	☐	☐
		배 Gut	☐	☐	☐	☐	☐
B	내가 이 목표를 이루는 것은 가능하다.	머리 Head	☐	☐	☐	☐	☐
		가슴 Heart	☐	☐	☐	☐	☐
		배 Gut	☐	☐	☐	☐	☐
C	이 목표를 이루기 위해 내가 해야 하는 행동은 적절한 것이며 다른 사람들에게 해를 끼치지 않는 것이다.	머리 Head	☐	☐	☐	☐	☐
		가슴 Heart	☐	☐	☐	☐	☐
		배 Gut	☐	☐	☐	☐	☐
D	나는 이 목표를 이루기 위해 필요한 능력을 가지고 있다.	머리 Head	☐	☐	☐	☐	☐
		가슴 Heart	☐	☐	☐	☐	☐
		배 Gut	☐	☐	☐	☐	☐
E	나는 이 목표를 이루는 것에 대해 책임감을 가지고 있으며, 그것을 성취할 만한 자격이 있다.	머리 Head	☐	☐	☐	☐	☐
		가슴 Heart	☐	☐	☐	☐	☐
		배 Gut	☐	☐	☐	☐	☐

워크북 17

데일리 레이저 포커싱(Daily Razor Focusing)을 위한 혜주(慧主)의 칠칠재(七七齋)

근원적인 변화를 위한 일일 실천목표 :

ACTION PLAN

1 월 일( )	2 월 일( )	
3 월 일( )	4 월 일( )	
5 월 일( )	6 월 일( )	
7 월 일( )	8 월 일( )	
9 월 일( )	10 월 일( )	
11 월 일( )	12 월 일( )	13 월 일( )
14 월 일( )	15 월 일( )	16 월 일( )
17 월 일( )	18 월 일( )	19 월 일( )
20 월 일( )	21 월 일( )	22 월 일( )
23 월 일( )	24 월 일( )	25 월 일( )
26 월 일( )	27 월 일( )	28 월 일( )
29 월 일( )	30 월 일( )	31 월 일( )
32 월 일( )	33 월 일( )	34 월 일( )
35 월 일( )	36 월 일( )	37 월 일( )
38 월 일( )	39 월 일( )	40 월 일( )
41 월 일( )	42 월 일( )	43 월 일( )
44 월 일( )	45 월 일( )	46 월 일( )
47 월 일( )	48 월 일( )	49 월 일( )

ACTION PLAN	1	월 일( )	2	월 일( )	
	3	월 일( )	4	월 일( )	
	5	월 일( )	6	월 일( )	
	7	월 일( )	8	월 일( )	
	9	월 일( )	10	월 일( )	
11	월 일( )	12	월 일( )	13	월 일( )
14	월 일( )	15	월 일( )	16	월 일( )
17	월 일( )	18	월 일( )	19	월 일( )
20	월 일( )	21	월 일( )	22	월 일( )
23	월 일( )	24	월 일( )	25	월 일( )
26	월 일( )	27	월 일( )	28	월 일( )
29	월 일( )	30	월 일( )	31	월 일( )
32	월 일( )	33	월 일( )	34	월 일( )
35	월 일( )	36	월 일( )	37	월 일( )
38	월 일( )	39	월 일( )	40	월 일( )
41	월 일( )	42	월 일( )	43	월 일( )
44	월 일( )	45	월 일( )	46	월 일( )
47	월 일( )	48	월 일( )	49	월 일( )

새로운 습관을 만들기 위해 실천하고자 하는 행동(Action Plan)을 적으십시오. 그리고 시작하는 첫날부터 실천 후 ( )에 O표시를 하십시오. 21일간 쉼 없이 실천했다면 성공한 것입니다. 새로운 습관의 탄생이 시작된 것입니다. 이를 강화하기 위해 49일간 쉼 없이 실천하고 O표하십시오.

이제 새로운 습관이 완성되기 시작합니다. 당신의 습관을 창조하는 도구로 이 표를 활용하십시오. 눈에 잘 보이게 책상 앞에 붙여 매일 확인하십시오. 천지를 창조한 신은 6일 일하면 하루 쉴 수 있지만, 새로운 습관을 창조하는 나에겐 실천만 필요합니다.

성찰(Reflection),

절대적 목표를 향한 등불

성찰은 삶이라는 대해(大海)에 맞선 우리에게 다가오는 하나의 등불이다. **과거를 비추어 의미를 깨닫게 해서 배움으로 연결시키고, 미래를 밝혀 절대적 목표를 갖게 만들어 준다.** 성찰과 배움이 결합되어 우리는 진정 앞으로 나아갈 수 있는 힘을 얻게 된다. 비록 과거의 경험이 아프고 힘들었다 하더라도 성찰의 빛을 비추면 지혜가 된다. 지금은 미래가 불투명해도 성찰을 밝히면 자신이 추구해야 할 가치가 드러나고 그 가치는 고스란히 목표로 올곧게 서게 된다. 성찰, 그것은 우리의 내부에서 우리를 이끄는 더할 수 없이 좋은 친구이다.

01

타인과 조건을
의식하지 마라

만약 마음속에서 '나는 그림에 재능이 없는 걸'이라는
음성이 들려오면 반드시 그림을 그려보아야 한다.
그 소리는 당신이 그림을 그릴 때 잠잠해진다.

– 빈센트 반 고흐

　우리가 성장하는 동안 수많은 조건이 우리의 무의식에 각인되었다. 넌 부족해, 나이가 어려서, 나이가 많아서, 출신 학교가, 사투리가, 외국어 능력이 부족해서…. 나도 모르게 수많은 조건이 나의 한계를 규정한다고 믿어 버리게 되었다. 그래서 우리는 '조건' 때문에 성취를 하지 못한다고 생각하고, '조건' 때문에 행복해지지 못한다고 믿는다. 이렇게 조건이 필수적이어야 한다는 착각이 우리의 모든 능력을 잠가버린다. 참 나를 만난 어웨이크너는 누가 뭐래도, 그 어떤 조건에서도 그냥 하고 싶은 것을 한다.

사랑에는 조건이 없다. 예비사위가 찾아와 딸을 달라고 하기에 '왜 우리 딸과 결혼하려고 하는가?'라고 질문했을 때 조건이 많으면 허락할 수 없다. 따님이 차분해서, 지혜가 많아서, 직업이 좋아서, 저를 사랑해서, 예뻐서…. 이런 조건을 이야기한다면 그것은 사랑이 아니다. 결혼을 허락해줄 수 있는 사위의 조건은 '아무런 조건 없이, 이유 없이' 그냥 딸을 사랑하는 것이다. 우리의 삶도 마찬가지다. 조건이 많을수록 우리의 소망은 우주의 원리와 주파수를 달리하게 된다. 그냥 하는 것. 이를 위해서는 타인의 시선을 의식하지 않고 적절한 조건이 맞아야 한다는 착각에서 빠져나와 그저 자신의 순수의식에 따라 아무런 조건 없이 결정해야 한다.

나의 내면의 소리를 듣고, 숨겨진/참 의도를 알고, 목소리를 경청하고, 순수의식의 주파수에 오감을 기울이는 것이 외부적 조건에 '조건화'된 착각에서 빠져나오는 비법이다. 또한 이 오감은 나아가 육감으로 연결된다. 사물과 사람은 고유한 진동을 한다. 이런 진동주파수 덕분에 우리는 떨어져 있는 물질 또는 존재와 공명할 수 있다. 이런 공명은 우리가 맑은 상태를 유지할 때 가능하다. 맑은 상태란 오감(五感)이 활성화된 상태다. 오감이 활성화되면 육감이 열린다. 그것이 바로 여섯 번째 감각인 통찰력이며 직관력이다. 고시 공부하듯 정보와 지식을 머릿속에 집어넣어야 가능한 것이 아니라 오감이 활성화된 바로 그 순간 열리기 시작한다.

이런 과정을 통해서 우리는 진정으로 마음이 원하는 것을 찾아갈 수 있다. 왜 성취했는데도 허전한가? 왜 가졌는데도 허무한가? 왜 달성했는데도 아닌 것 같은가? 이는 참 나의 목소리가 아니라 타인의 소리를 들었기 때문이다. 수많은 '두 번째 생각(Second Thought)'을 없애야 한다. 의도를 내야 한다. 의도를 낸다는 것은 조건 없이 100% 자신의 의지대로 마음을 결정하는 것이다. 행복이란 참 나가 원하는 대로 하는 것이다. 행복하지 않은 것은 좋은 집이나 좋은 차가 없어서가 아니라 진정으로 내가 무엇을 원하는지 모르기 때문이다.

어린 시절의 순수로 돌아가야 한다. 어린이의 마음을 가진다면 천국이 당신의 것이다. 잊어버리고 있던 어린 시절의 맑고 깨끗했던 영과 혼의 순수함을 회복해야 한다. 우리는 성장하면서 조건을 통해 훼손된 순수성을 찾아야 한다. 사회적 성장과정을 통해 사랑받고, 인정받으면서 우리는 자연스럽게 조건에 프로그래밍 되어왔다. 외부적 자극과 조건에 반응하면서 습관이 되어버린 것이다. 이런 조건화는 근거 없는 두려움을 만들어 냈다. 우리는 우리의 생각과 의도가 모든 것을 창조한다는 것을 잊어버린 채 거부당할까봐 두려워하고, 상처받을까봐 회피하고, 과거의 성공을 유지하려고 새로운 도전에 눈감아 버리고 있다. 내가 어떻게 길들여졌는지 알아야 한다. 이를 빨리 알아차리고 없애는 것. 그래서 나의 순수한 본성으로 돌아가는 것. 이것이 깨어있는 현각자, 어웨이크너의 과업이다.

오, 깨어남을 느끼는 이들이여.
당신의 마스터를 부정하라!
손끝을 보지 말고 은은히 빛나는 달을 보라.
당신의 힘을 외부에 주지마라.
성전은 예배당에, 법당에 있는 것이 아니다.
그대가 발을 딛고 있는 그 자리가 성전이 되게 하라.
예수도 석가도 노자도 당신의 형제이자 당신이었다는 것을 기억하라.
그 누구에게도 당신의 힘을 주지마라.
마스터를 찾지 마라.
당신이 갈구하고 찾아 헤매는 당신 밖의 그가 누구라 하더라도
그는 당신을 지혜롭게 할 수 없고,
당신을 치유할 수 없으며,

당신을 보호할 수 없다.
누구도 찾지 말고 매달리지 말며
'누구'가 되려고 하지 마라.
우리의 과업은
오직 나를 발견하는 것일 뿐!
당신 안에 존재하는 불상에 가득 쌓여있는 먼지를 털어내라,
당신 안에서 꾸벅꾸벅 졸고 있는 위대한 '신'을 깨워라.

– 구르는 천둥, 졸고 있는 마스터를 위한 기도

에고가 튀어나와
판단과 분별을 한다면

사람이 태어날 때는 부드럽고 약하지만
죽으면 굳고 강해진다.
초목도 살아있을 때는 부드럽고 약하지만
죽으면 말라서 부서지기 쉽다.
고로 강한 것은 죽음으로 가는 것이고,
부드럽고 약한 것은 삶으로 가는 것이다.
그런 까닭에 군대가 지나치게 강하면 이기지 못하고,
나무도 강하면 부러지니
강대한 것은 아래에 있고
부드럽고 연한 것은 위에 있는 것이다.

- 노자, 도덕경 76장

자꾸 눈에 무엇인가 걸린다. 타인의 행동, 타인의 표정, 주변의 상황. 어느 하나도 내 마음에 드는 것이 없고 불평 또는 비판이 올라온다. 남을 탓하거나 비난한다. 섭섭함을 가지고 억울함도 느낀다. 나도 모르게 내가 재판관이 된다. 이는 내 생각이 옳다는 착각에 빠져 있기 때문이다. 세상은 나의 거울이다. 내가 보는 모든 것은 나의 일부분이며 결국 내 생각의 반영이라는 우주의 법칙을 모르고 습관적으로 판단·분별하게 된다. 무엇인가 마음에 올라온다면 내 안에서 무엇인가 처리되지 않은 것이 있음을 빨리 알아차려야 한다. 스스로가 판단·분별하고 있다는 것을 빨리 알아차리고 즉시 생각을 수정하는 것이 어웨이크너의 모습이다. 완전히 알고 있다면, 반응하지 않는다. 모든 판단·분별이라는 반응은 나에게 무엇인가 배울 것이 있다는 신호를 깊은 무의식이 주는 것이다.

판단·분별이 나도 모르게 습관이 되면 타인의 이야기가 들어오지 않는다. 에고의 목소리를 듣기 때문이다. 자신의 생각에 빠지면 타인의 견해는 들어갈 여지가 없다. 에고의 소리와 순수한 참 나의 소리를 구분하지 못하기 때문이다. 에고의 소리를 마음의 소리로 착각하기 때문이다. 어웨이크너는 올라오는 수많은 에고의 소리와 참 나가 던지는 직관의 소리를 구분한다.

마음공부의 첫 단추를 끼고 나면 알아차려진다. 타인의 말과 행동도 투명하게 보인다. 이때 수행이 부족할수록 다시 판단·분별이 올라온다. 오히려 안 보이던 것까지 보이기 시작한다. 이때도 알아차려야 한다. '아, 또 분별심이 올라오는구나'라고 말이다. 어웨이크너는 자신의 수행을 타인에게 강요하지 않는다. 모든 공부는 자신에게 적용됨을 안다. 나에게는 공부 거리라 하더라도 준비되지 않은 타인에겐 비수가 될 수 있다는 것을 알기 때문이다. 참된 어웨이크너는 항상 자기를 향해 적용해야 함을, 밖으로 향하는 선문답은 없음을 안다. 공부한 내용을 가지고 자기수행을 해야지 타인에게 적용하면 안 된다는 것을 안다. 이런 판단·분별과 멀어지면서 '나나 잘하자'가 일상화되어가는 것. 이것이 바로 어웨이크너의 모습이다.

03

원숭이에게서 드러난
내려놓음과 연결성(Connected)

쥐고 있는 바나나를 놓아야

원숭이는 재빠르다. 머리가 꽤나 잘 돌아가는 동물이다. 원시인간 세계처럼 서열을 정한다. 무리에 새로운 원숭이가 들어오면 격렬하게 싸우고 서열을 정리한다. 마치 인간사를 보는 것 같기도 하다. 이 재빠르고 영리한 원숭이를 어떻게 잡을까? 널리 알려진 대표적인 원숭이 사냥법 중 하나는 원숭이의 근시안적 집착을 이용하는 방법이다.

먼저 조롱박을 구한다. 긴 유리병도 좋고, 작은 플라스틱 상자도 좋다. 조롱박에 원숭이 손이 겨우 들어가는 구멍을 뚫는다. 안에는 원숭이가 좋아하는 바나나를 넣어둔다. 그리고 조롱박을 나뭇가지에 매달아 놓는다. 원숭이는 바나나를 발견하고 다가온다. 손을 구멍으로 집어넣어 바나나를 움켜쥔다. 하지만 뺄 수가 없다. 겨우 손이 들어가는 정도의 구멍이라 집어넣는 것은 어렵지 않지만, 바나나를 손에 쥔 채 빼기는 쉽지 않다. 바둥거리고 애를 쓰며 바나나를 움켜쥐고 있는 손을 빼내려 하지만 불가능한 상황이다.

이때 사냥꾼이 나타난다. 바둥거리고 있는 원숭이를 향해 직진한다. 원숭이는 자신을 포획하려는 사냥꾼의 그림자가 가까이 오는 것을 안다. 자신의 운명을 결정하는 저승사자의 발걸음 소리가 가까워져도 바나나를 포기하지 않는다. 더 격렬하게 바나나를 갈구하며 잡은 손을 놓지 않는다. 운명의 결과는 결국 사냥꾼에게 잡히고 마는 것으로 끝난다. 바나나와 자신의 목숨을 바꾼 셈이다.

조그마한 탐욕으로 자신의 목숨을 잃게 하는 이 어리석은 일들이 원숭이에게만 일어나는 일은 아닐지도 모른다. 소탐대실! 바나나 때문에 목숨을 잃어버리는 원숭이를 비웃기 전에 눈앞의 이득에 눈이 멀어 더 큰 가치와 가능성을 포기하는 미련한 선택을 하는 것이 우리 인간이 아닐까 생각해봐야 한다.

우리는 내 몸을 나라고 생각한다. 또한 우리가 지금까지 경험한 것, 보고 들은 것, 지금 상황에 있는 나를 자신의 정체성으로 알고 살아간다. 무엇인가를 가지려고 목표하고 성취해 소유한다. 그러나 곧 그 소유하고 있는 것에 의존하게 된다. 그 소유가 사라지면 고통스러워하고 두려워한다. 그 소유물과 소유하던 지위가 나의 정체성이 되어버린다. 무엇인가 가지고 있는 것을 잃어버리려 할 땐 대단히 불안해하고, 불안정해지고 힘들어한다. 우리는 우리가 소유하고 있는 것에 소유되며, 누리고 있는 지위와 자리에 갇혀버린다. 그러면서 무엇인가를 또 갈구한다. '그것만 이루면 좋아질 거야', '그것만 가지면 행복해질 거야', '그 자리에 올라가게 되면 미래가 더 윤택하고 기대할만할 거야…라고 생각하며 더욱 자신의 각오를 다진다.

이런 믿음이 우리가 스스로 만든 감옥이라는 것을 알아채길 기대하는 것은 원숭이가 얼른 바나나를 놓고 도망가는 것을 기대하는 것만큼 어렵다. 우리는 무엇인가를 소유하고 있으면 그 소유물 때문에 자신의 진짜 모습을 자각하지 못하고 소유물에 소유 당한다. 아무런 소유가 없을 때 우리는 진정한 나 자신을 만날 수 있다. 텅 빈 물질적·정신적 무소유의 순간, 나를 만날 수 있다. '소유'의 관념에서 벗어나는 것이 어웨이큰(awakened)의 순간이다. 가진 물질을 다 버리고 거지가 되자는 것이 아니라 나를 사로잡고 있는 '소유'의 관념에서 벗어나는 것이다. 마음속에서 놓아버리는 것이다. '이것이 내 것이다', '이 사람은 내 사람이다', '이 자리는 내 자리다', '이 지위와 명예는 내 것이다'라는 생각을 내려놓는 것이다. '그간 내가 어떻게 만들었는데'라는 집착을 버리고 자유로워지는 것이다.

원숭이의 집착을 버려보자. 모든 것을 내려놓는 순간! 얼마나 당당해지고 자유로워지는지 경험해보자. 나 자신이 온전해지고 자유로워짐을 느끼는 그 순간을 경험하는 첫걸음은 버리는 것이다. 연습이 필요하다. 버리고 버리고 또 버리는 연습을 해야 궁극으로 나를 놓아버릴 수 있다. 내가 이것은 '나'라고 생각하는 에고(ego)까지 놓아버리는 것, 이 아상을 놓아버리는 것! 과감히 바나나를 놓아버리는 것! 이것이야말로 원숭이가 우리에게 주는 지혜일지도 모른다.

101마리째 원숭이를 기대하며

세계적인 베스트셀러 켄 키이스의 책 『100마리째 원숭이(The Hundredth Monkey)』에서는, 어느 일본학자의 연구를 인용한 미국의 과학자 라이얼 왓슨의 책 『생명의 조류(Lifetide)』를 다시 인용하면서 백 마리째 원숭이 현상을 설명했다.

이야기는 이렇다. 1950년 일본 미야자키현 동해안의 무인도인 고지마(幸島)에는 천연기념물인 일본원숭이가 집단서식을 하고 있었다. 일본 교토대학의 영장류연구소 연구원들은 야생 원숭이를 길들이려는 목적의 생태연구를 위해 먹이를 주며 관찰했다. 길들이는 차원에서 원숭이들에게 고구마를 주었는데, 대부분이 흙투성이 고구마였다. 어느 날 젊은 암컷 원숭이 '이모'가 강물에 고구마를 씻어 먹었다. 그러자 맛이 달라졌음을 느꼈다. 그리고 계속 씻어 먹었다. 새로운 도전이 일상이 된 것이다.

그 모습을 지켜보던 다른 원숭이가 흉내를 내며 따라 했다. 점점 다른 원숭이들도 따라 하더니 무리의 반 이상이 물로 고구마를 씻어 먹게 된다. 심지어 강물을 따라 내려가 바닷가에 이르러 일본원숭이들은 바닷물에 고구마를 씻어 먹는다. 바닷물의 소금기는 더 맛난 고구마를 만들어낸다. 한입 베어 물고 다시 바닷물에 씻는다. 짭짤한 소금간까지 즐기게 되었다.

놀라운 건 멀리 떨어진 다카자키산(高琦山)에 서식하던 원숭이가 이 무렵 고구마를 씻어먹기 시작했다는 것이다. 무인도인 고지마는 사방이 바다로, 다른 곳과 교류가 불가능한 외딴섬이다. 하지만 놀랍게도 한 곳에서 일어난 일이 다른 곳에서도 자연스럽게 일어났다. 왓슨은 이 현상을 '백 마리째 원숭이 현상'이라 명명했다. 어떤 행위를 하는 개체 수가 임계치(critical mass)를 넘어가면 그 행동은 집단 내에서만 한정되지 않고 공간을 넘어 확산되어 간다는 것이다. 연구 원전을 확인할 길이 없으니 실제 일본의 연구자들이 백 번째 원숭이임을 확인했는지 알 길은 없다. 아마 백 마리는 하나의 상징일 것이다.

우주는 하나의 '정보의 저장고'라고 한다. 인류를 대표하는 심리학자 칼 융은 이를 '집단지성(collective intelligent)', 세계적 자기계발 전문가 브라이언 트레이시는 '슈퍼의식(super consciousness)'이라고 부른다. 이자크 같은 과학자는 우리의 세계는 모두가 진동하는 실체이며, 서로 다른 종류의 파동으로 가득 차 있다고 주장한다. 우리가 '존재한다'고 생각하는 것은 실은 들여다보면 원자와 전자인데, 이것은 진동(振動)하는 진공(眞空)이다. 따라서 우리가 보는 것들은 파동들이 서로 간섭해 나오는 홀로그램과 같은 것이며, 그 실체는 공명(共鳴)이다. 즉, 물리적 거리를 뛰어넘는, 심지어 시간성을 뛰어넘는 소통이 가능하다는 것이다. 이런 논의를 관조하다보면 백 마리 원숭이 현상을 이야기하는 왓슨의 책이 근거 없는 주장이라고 별다른 근거 없이 폄하하는 일본인 저술가들의 논의보다는 훨씬 설득력 있게 다가온다.

　미켈란젤로와 레오나르도 다빈치, 나훈아와 남진, 최동원과 선동렬이 공존한 것처럼 천재는 같이 태어난다. 공명은 함께 일어난다. 열리면 울림이 일어난다. 울림이 퍼지고 퍼지면 임계치에 다다르는 법이다. 이런 물리학의 임계치는 경영에도 적용된다. 상품이나 서비스가 일정 소비량을 넘으면 순식간에 퍼진다. 이것은 서비스가 사용자가 많으면 많을수록 효용이 높아진다는 네트워크 외부성이라는 말과도 밀접한 관련이 있다. 손님이 많은 가게일수록 음식도 맛이 있다. SNS 역시 일정 수치가 넘어가면 폭발적으로 변한다. 울림이 공명되고 또 공명되어 널리 퍼지면 임계치에 이르게 된다. 이는 인간세계에도 적용되는 우주의 법칙이다. 어느 개체가 10%의 깨달음을 얻고 의식이 상승하면 종이 변한다. 일정 수 이상의 사람이 변화하고 지혜가 생기면 사회와 세계가 변하게 된다. 수많은 현자들이 인간의식 상승의 시대가 바로 지금이라고 한다.

　이에 우리의 삶이 배움의 대학이고, 만나는 모든 사람이 인생의 스승이 되는 의식상승의 진앙지가 되길 기대한다. 울림을 넘어 어울림이 되는 그날까지.

진짜 학습이
이루어지는 순간,
성찰

삶이 곧 배움의 과정이라는 사실을 부인하는 사람은 그리 많지 않을 것이다. 그런데 우리 삶에서 이렇게 중요한 배움이 오로지 '지식과 경험'만으로 구성되어 있다고 생각하는 경우가 대부분이다. 머리로 받아들이는 지식과 현실에서 겪는 경험이 하나가 되면, 오직 그것만으로 곧 훌륭한 배움이자 공부가 된다고 생각하는 것이다. 하지만 여기에는 아주 중요한 한 가지 과정이 빠져 있다. 그것은 곧 '성찰'이다. 성찰은 이론적 지식을 진정한 지식으로 만들어 주고 스쳐 지나가는 경험을 절실한 깨달음으로 전환하는 '다리'의 역할을 한다. 이 다리를 건너지 못한 지식과 경험은 우리에게 진정한 의미도 없고, 삶을 변화시키지도 못한다. 진짜 학습의 과정에 숨어 있는 성찰, 그 비밀을 살펴보자.

날 것으로의 경험에 의미를 부여하는 성찰

성찰(省察)의 사전적인 의미는 '자신의 마음을 반성하고 살핌'이다.

이제까지 성찰은 개인적인 반성의 차원, 혹은 종교적인 차원에서 삶의 의미를 되돌아보는 개념으로 논의되어 왔다. 하지만 이런 성찰의 의미가 교육적 차원에서 검토되면서 생각보다 아주 광범위하게 학습과 그 학습의 효율에 관여하고 있다는 사실이 밝혀졌다.

우선 성찰이 1차적으로 활약하는 지점은 바로 '기존의 정형화된 지식'과 '새로운 지식'이 만나게 되는 순간이다. 사람은 기존에 있던 자신의 지식 구조 속에 존재하지 않거나, 혹은 모순되는 새로운 지식을 만나게 되면 일종의 인지적 갈등을 겪게 된다. 자신과 성향이 매우 다른 이질적인 사람을 만나면 심리적으로 불편함을 느끼듯이, 지식의 구조에서도 이런 낯선 불편함이 생겨나는 것이다. 이 과정에서 성찰은 기존의 지식과 그 구조를 변형하기 시작하며 새로운 지식을 받아들이고 자신의 것으로 수용하게 해준다. 한마디로 성찰은 '낯설고 불편한 것'을 자기 자신으로 받아들이는 과정이라고도 할 수 있다. 이는 곧 기존 지식의 발전으로 정의할 수 있다. 과거의 것과 새로운 것이 융합되는 바로 이 성찰의 과정을 통해서 지식의 양과 깊이가 늘어나기 때문이다.

MIT 교수 도널드 쇤은 인간에게는 두 가지 성찰의 능력이 있음을 밝히고, 그것이 어떤 역할을 하는지 말했다. 첫 번째는 '행위 중 성찰(Reflection in Action)'이라는 것으로, 일을 하는 과정에서 '이게 도대체 뭐지?'라는 불확실한, 혹은 낯선 느낌을 경험하면서 새로운 발견을 하게 되는 과정이다. 두 번째는 '행위 후 성찰(Reflection on Action)'이다. 이는 왜 전에 없던 것들이 발생했는지 이후에 탐색·연구함으로써 새로운 질문과 아이디어를 통해 기존과는 전혀 다른 틀에서 현상을 받아들이고 이해하게 되는 것이다. 즉, 이런 과정들은 모두 자신의 지식을 강화하는 과정이라고 할 수 있으며, 성찰이야말로 학습의 결정적인 계기임을 밝혀주고 있다.

실제로 성찰은 '날 것으로의 경험'에 의미를 부여하고, 그것을 진정한 배움으로 바꾸어놓는다. 아주 쉬운 예를 하나 들어보자. 두 명의 남자가 각각 아침에 출근하면서 부부싸움을 했다고 하자. A는 그저 기분 나쁜 상태를 유지한 채, 운전을 해서 회사에 도착했다. 그런데 B는 운전을 하면서 '내가 아까 부부싸움 중에 이런 이야기는 하지 않았어야 하는데, 그 말까지 꺼낸 건 내 실수구나', '생각해보니 그런 건 아내가 정말 싫어하는 부분이었구나'라고 생각했다. A의 부부싸움은 그저 기분 나쁜 일로 끝났지만, B의 부부싸움은 배움과 학습으로 진화되었다. 이런 A와 B사이의 결정적 차이는 바로 성찰을 했느냐, 하지 않았느냐이다. 결과적으로 '경험의 시간이 배움이 아니라 성찰의 시간이 배움이다'라고 할 수 있다.

아시아 최고의 부자, 리카싱의 성찰

이런 성찰의 힘이 기업 교육에 적용된 것이 바로 액션러닝(Action Learning)이다. 이는 조직구성원이 특정한 팀을 구성해 과제를 부여받고 이에 대한 본질적인 해결방법을 스스로 찾아내는 것은 물론이고 이에 대한 질문과 답변, 그 구체적인 의미에 대한 성찰을 통해서 진정한 학습을 해나가는 과정이다. 이는 업무 중간에 적용되기도 한다. 회의를 하거나 업무를 논할 때 무언가 새로운 개념이 번뜩 스쳐 지나가면 진행을 중단하고 이 새로운 방법을 적어 놓고 그것을 차근차근 반추하면서 새로운 교훈을 이끌어 내는 방식이다. 국내 기업교육 현장에 수많은 교육 트렌드들이 지나갔지만 이 액션러닝만큼은 역사가 20년 이상 될 정도로 뿌리가 깊다. 이는 곧 교육 당사자들이 만족하고 현실에서 그만큼 강한 효과를 발휘하고 있다는 증거이기도 하다.

성인이 된 우리에게는 이런 성찰의 시간이 곧, 삶의 경험에서 '지혜'를 만들어 내는 아주 중요한 순간이기도 하다. 사람은 누구나 아픈 경험을 가지고 있다. 세월이 흘러 지난 경험을 되돌아보았을 때, '아, 그

아픔은 나에게 이런 의미가 있었고, 내가 이것을 배웠구나'라는 삶의 지혜를 깨닫게 된다. 수년 전 그 경험을 하고 있을 때가 아니라 세월이 흐른 후 성찰을 할 때 진짜 지혜가 되는 것이다. 동일하게 60년을 살면서 수많은 경험을 해도 깨달음이나 지혜가 없는 사람이 있는가 하면, 40년을 살아도 더 뛰어난 지혜를 가질 수 있는 것은 바로 이런 성찰의 힘 때문이기도 하다.

이런 성찰과 지식의 습득을 현실적으로 가장 잘 활용하고 있는 인물은 아시아 최고의 부자로 불리는 청쿵그룹 리카싱 회장일 것이다. 그는 일반인들은 상상할 수 없을 정도의 많은 재력을 가지고 있지만 늘 성찰하는 삶을 살고 있으며 또한 그것을 지식으로 연결 짓고 있다. 그는 이렇게 말했다. "지금의 내가 있는 것은 성공한 후에도 교만해지지 않도록 늘 나의 일상을 되돌아보는 성찰하는 습관의 결과였다. 내가 교만하지는 않은가? 내가 직언을 들으려고 하지 않는 건 아닐까? 내가 한 말에 책임을 지기 싫어하지는 않은가? 더불어 문제 해결의 통찰력이 부족하지는 않은지를 성찰한다."

즉, 그에게 있어서 성찰은 자기반성의 의미도 있지만, 삶의 수많은 경험을 지혜로 끌어올리려는 노력을 담고 있다.

어떤 면에서 본다면 성찰의 시간은 곧 이쪽 물에서 저쪽 물으로 가기 위해 '강을 건너는 시간'이기도 하다. 때로는 뒤돌아보고, 때로는 천천히 가면서 다가올 물을 준비하는 기간이다. 그리고 내면에서 수많은 지식과 정보들이 융합되고, 서로 맞추어지고, 조화를 이루어내는 역동적인 시간이기도 하다. 보다 많은 배움을 진짜로 내 것으로 만들고 싶다면, 반드시 성찰의 시간이라는 강을 건너야 할 것이다.

05

성찰은
변화의 에너지를
찾는 방법

'나를 성찰하는 것'은 어떤 의미를 가지고 있을까. 그저 소크라테스의 오랜 격언처럼 '너 자신을 알라'는 의미일까. 아니면 내가 무엇을 좋아하는지를 파악하는 것일까. 사실 자신에 대한 성찰은 단순히 무엇인가를 파악하는 것을 넘어서는 훨씬 놀라운 힘을 가지고 있다. 그것은 자신의 안에 있는 힘을 통찰한다는 의미이며, 이는 곧 새로운 변화의 에너지를 찾아낸다는 것을 말한다. 숨겨져 있던 자신이 드러나고, 본인도 외면하고 있는 또 다른 능력이 세상에 나타나게 된다. '성찰'은 매우 고요하고, 차분하며 또한 사색적이라는 이미지를 가지고 있다. 그러나 무엇보다 강한 파동이기도 하다. 비록 그것의 방식은 고요하고 사색적일지 몰라도, 가져오는 결과는 생각보다 큰 영향력을 미치기 때문이다.

기적을 일으킨 클레멘스 코스

'다중지능 이론'은 인간의 지능은 단 한 가지가 아니라 다양한 측면에서 각기 다른 지능을 가지고 있다는 이론이며, 오늘날 가장 유력한 인간교육의 방법론으로 인정받고 있다. 이 여러 지능들 중에서도 가장 밑바탕이 되는 것은 바로 자기성찰 지능으로 알려져 있다. 자기 자신을 먼저 파악하고 이해해야만, 이를 기반으로 다른 모든 지능들이 효과적으로 작동하기 때문이다. 결국 인간의 삶이란 '나와 사회, 혹은 나와 타인'이라는 점에서, 모든 것의 근원은 나를 파악할 수 있는 자기성찰 지능에서 비롯된다는 이야기다. 나를 알지 못하면 타인을 이해할 수도 없고, 타인이 만들어가는 사회에 대한 인식도 불가능하기 때문이다.

자기성찰 능력이 뛰어나다는 것은 곧 자신과의 지속적인 질문과 답변으로 스스로의 내면을 알아간다는 의미이다. 자신이 무엇을 원하는가, 그것을 위해서는 무엇을 해야 하는가, 그 과정에서 문제가 생기면 어떤 방법을 취해야 하는가 등이 바로 자기성찰의 결과들이다. 이를 통해 당사자는 자신의 장점과 단점을 알게 되고 때로는 실패해도 스스로 동기부여를 하는 등 적극적인 난관 돌파의 정신을 가지게 되는 것이다.

이는 언론인이자 작가인 얼 쇼리스가 개설한 '클레멘트 코스'에서 정확하게 드러난다. 당시 쇼리스는 "인문학을 공부하는 사람은 부자다. 미국 사회는 결코 가난한 자에게는 인문학을 가르치지 않는다."고 설파하며 빈부의 차이, 불평등의 원인을 인문학 공부로 꼽았다. 그리고 알코올 중독자, 노숙자, 출소자, 실업자들을 대상으로 소크라테스의 대화법에 근거한 인문학 교육을 시작했다. 소크라테스의 대화법은 결국 질문을 통해 자신을 알게 되는 근원적인 자기성찰 교육법의 하나이다. 이를 본 주변 사람들은 '빈민들에게 무슨 인문학 교육이냐'고 비웃었지만 쇼리스는 자신의 생각이 맞다고 확신하며 계속해서 공부를 시켰다. 중도 탈락율이 45%에 이르렀지만, 수강생은 점점 늘어나기 시작했고 실제 변화가 시작됐다. 자신을 성찰한 사람들은 불합리한 사회에 대응하는 방법을 발견하게 됐으며 자기변신을 시작했다. 심지어 노숙자에서 변호사로 변신한 경우도 있었다. 당시 인문학 강좌를 들었던 한 수강생은 이렇게 말했다. "인문학을 배우기 전에는 욕이나 주먹이 먼저 나갔어요. 그런데 이제는 그렇지 않아요. 나를 설명할 수 있게 됐거든요."

자신을 설명한다는 것은 곧 자신을 성찰했다는 것에 다름 아니다. 무엇인가를 '설명'하기 위해서는 그것을 알아가는 '성찰'의 과정이 필수적이다. 당시 많은 사람들은 이런 클레멘스 코스의 결과를 '기적'이라고 표현했지만, 사실 기적보다는 당연한 결과라는 표현이 더 적절할 것이다.

다양한 자기성찰의 방법론

자기성찰 지능을 높이기 위해서는 리프로그래밍(re–programming) 방법, 명상법, 그리고 일기 쓰기 등 다양한 방법이 있다. 국내 다중지능이론의 권위자인 문용린 교수는 『지력혁명』을 통해 자기성찰력을 높이는 효과적인 리프로그래밍 방법을 소개하고 있다. 우선 자기 내면에 고정관념의 형태로 굳어진 목표나 태도, 관점을 드러내는 것이 출발이다. 이를 통해 그간 보이지 않았던 가치나 신념, 이미지를 선명하게 밝히고 자기변화의 에너지를 끌어내는 것이다.

① 싫어하는 일 5가지를 적는다.
② 좋아하는 일 5가지를 적는다.
③ ①의 제목을 '내가 원하는 일'이라고 쓴다.
④ ③의 목록에서 하나를 골라 그것이 정말 내가 원하는 일이라고 생각하고 그것을 이루어내기 위한 적절한 슬로건을 적는다.
⑤ 하루에 한 번씩 4번의 슬로건을 내가 진정으로 원하는 일이라고 상상하며 중얼거린다.
⑥ 일주일이 지난 뒤 ①의 전 항목에 대해 자신의 생각이 어떻게 바뀌었는지를 살펴본다.

이 방법을 활용하면 생각의 틀이 바뀌기 시작하면서 목표도 바뀌고 마음과 행동의 변화도 촉진된다.

하루에 한 번씩 명상을 통해 자신을 성찰하는 방법도 효과적이다. 하루에 20~30분 정도 눈을 감고 고요한 시간을 가지면서 자신에 대해 반추하는 방법이다. '나는 오늘 어떤 삶을 살고 싶은가', '오늘 나에게 의미 있는 일은 무엇인가', '오늘 중요하고, 꼭 해결해야 할 일은 무엇인가' 등을 질문하고 대답하는 과정은 스스로 해결책을 만들고 그 실천을 위한 자기다짐을 하는 시간이다. 이렇게 성찰을 통해 얻어낸 결과에 대해서는 남이 시키는 것보다 훨씬 강한 실천의 의지를 다질 수 있다.

마지막으로 일기를 쓰는 것도 방법이다. 일기를 쓰는 사람은 그렇지 않은 사람보다 더 깊숙이 하루에 있었던 일에 대해 바라보게 되고, 특정한 의미를 부여하고, 또한 반성하게 된다. 물론 이 과정에서 의지를 다지고 새로운 계획을 세우게 되는 것은 당연한 일이다.

자기성찰은 먼지가 가득 묻어있던 보석의 먼지를 닦아 빛을 내는 일이다. 자신이 원래부터 가지고 있었던 것이 얼마나 소중했는지를 새삼 깨닫게 된다. 무언가를 새롭게 얻고자 또 다른 수고를 하지 않아도 되기 때문에, 성찰은 또한 행복한 자기발견의 시간이 될 것이다.

나의 현재 상태를 알리고,
절대적 목표를 갖게 하는 성찰

이제껏 행해져왔던 수많은 변화와 성공에 대한 연구는 '성공한 사람들이 반드시 가지고 있는 공통점'을 알려주고 있다. 물론 노력, 성실, 창의성 등 다양한 덕목들이 모두 성공의 밑바탕이 될 수는 있겠지만, 그 모든 것의 위에서 나머지 덕목들을 컨트롤하는 것이 있다. 이를 바로 '가장 중요한 절대적 목표(major definite purpose)'라고 부른다. 이는 강력한 성취동기와 연결되면서 행동의 추진체가 된다. '나에게는 목표가 있고 반드시 그것을 하고 싶다'는 생각이 들면, 그때는 주위에서 강요하지 않아도 자연스럽게 노력하게 되고 성실해질 수밖에 없으며, 문제해결을 위해 스스로 창의적이 되려고 한다. 따라서 본인이 원하는 절대적 목표가 있느냐 없느냐가 성취동기를 좌우하고 성공을 이끌어내는 요인으로 작용한다. 이런 과정에 반드시 개입하는 것이 바로 성찰이다. 성찰이 없는 한, 목표도 없고 성취동기도 발생할 수 없기 때문이다.

가치를 찾아내는 성찰의 과정

성찰은 '되돌아보는 것'이고, 목표는 '앞으로 해야 할 일'이다. 사실 이 둘은 큰 관련이 없어 보일 수 있다. 하나는 지향점이 과거를 향해 있고 또 다른 하나는 미래를 조준하고 있기 때문이다. 하지만 이들은 수평적 정반대의 관계가 아닌, 수직적인 위아래 관계이다. 예를 들면 초석과 그 위에 쌓이는 벽돌과 같은 관계라고 할 수 있다. 초석이 없으면 벽돌을 쌓을 수 없고, 설사 쌓는다고 하더라도 견고하지 못해 언제든 허물어질 수 있기 때문이다. 결국 과거에 의해 미래가 결정되므로 미래를 공고히 하기 위해서라도 과거를 되돌아보아야 한다.

그렇다면 '가장 중요한 절대적 목표'는 어떤 과정을 거쳐서 우리 마음속에 단단히 자리 잡을까? 우선 '가치'에서부터 시작한다. 한 개인이 특정한 일에 대해 얼마나 많은 가치를 두느냐, 그렇지 않느냐는 그 일을 포기하지 않고 계속하게 만드는 힘이기도 하다. 수많은 실패에도 불구하고 결코 포기하지 않는 사람은 그 대상물에 '포기할 수 없는 가치'가 있기 때문이다. 반대로 한두 번 해보다가 포기하는 사람은 더 이상의 노력을 쏟아 부을 가치를 느끼지 못하기 때문이다. 따라서 자신의 인생을 거쳐 반드시 이루고 싶은 가치를 발견하게 되면, 그것이 곧 '가장 중요한 절대적 목표'가 된다. 그런데 이렇게 가치를 찾기 위해서는 '내가 그것을 왜 하는가', '내게 어떤 의미인가', '내게 어떤 즐거움을 주는가'라는 질문에 반드시 답해야 한다. 이 물음에 답하기 위한 생각의 시간, 바로 그것이 성찰이다.

윌버-오빌 라이트 형제가 최초의 비행기를 만들려고 했던 당시, 이 과제에 도전했던 사람은 그들만이 아니었다. 특히 가장 유력한 경쟁자 중의 한 명이었던 하버드대학교 수학교수 새뮤얼 피어폰 랭리에게는 미국 육군이 거액의 프로젝트 비용까지 지원했다. 더불어 당대 최고 지성인들이 그의 작업에 협력했으며 언론 역시 큰 관심을 가지고 있었다. 반면 라이트 형제는 시골의 한 동네에서 허름한 자전거 가게를 운영하는 무명의 발명가에 불과했다. 거기다가 주변의 시선이 호의적이지도 않았다. 둘만의 '스펙'만 비교해보자면 단연 랭리가 월등히 앞서 있다. 특히 발명에 들어가는 실질적인 비용까지 제공받고 있었던 랭리에게 라이트 형제는 비할 바가 못되었다. 하지만 '최초의 비행기 제작'이라는 명예는 라이트 형제에게 돌아갔고, 이 소식을 신문에서 조그마하게 접한 랭리는 곧 도전을 포기하고 말았다. 막대한 지원과 관심이 있었다면, 계속해서 해볼 만도 한데, 그는 왜 그렇게 쉽게 포기했던 것일까?

『나는 왜 이 일을 하는가?』의 저자이자 전략 커뮤니케이션 전문가인 TED의 스타 사이먼 사이넥은 이를 '뚜렷한 신념과 가치의 차이'라고 말한다. 라이트 형제의 경우 '하늘을 나는 인류'라는 신념을 가지고 '왜 우리가 비행기를 만들어야 하는가?'라는 성찰에 기반한 가치를 지니고 있었던 반면, 랭리는 그런 것이 없는 상태에서 그저 유명해지고 싶었을 뿐이었다. 둘의 차이는 스펙의 차이가 아니라 가치의 차이였다.

실제 오빌 라이트는 누군가로부터 '인생의 과정에서 가장 큰 흥분을 느꼈던 때는 언제인가?'라는 질문을 받았다. 아마 대부분의 사람들은 그것이 '역사상 최초로 비행기가 이륙하던 순간'이라고 예상할 것이다. 하지만 그의 대답은 달랐다. "나는 비행을 하지 않을 때 더 전율을 느꼈다. 비행 전날 침대에 누워 다음 날의 비행이 얼마나 짜릿할지를 생각할 때가 제일 흥분됐다."

즉, 라이트 형제는 비행에 대한 신념과 가치를 가지고 있었던 것은 물론, 자신들을 즐겁게 하는 일이라는 것까지 알고 있었던 것이다.

성찰은 과거의 나를 보고 미래의 나를 만들어 나가는 단단한 끈이기도 하다. 그리고 그 끈에는 '가치의 발견, 절대적인 목표, 포기하지 않는 의지'가 아로새겨져 있다. 흔히 시간은 과거-현재-미래로 진행된다고 하지만, 사실 현재에는 '성찰의 시간'이라는 또 다른 기능이 담겨 있다. 과거의 경험과 지금의 모습이 달구어지고, 불순물이 제거되면서 새로운 미래를 만들어 내기 때문이다.

07

성찰을
더욱 발전시키는
학습력

성찰이 삶을 전진시키는 엔진이라고 한다면, 이를 배경으로 한 끊임없는 학습은 지속적으로 공급되어야 하는 에너지이다. 아무리 엔진이 좋아도 에너지가 공급되지 않으면 소용이 없듯이, 우리의 삶에서도 꾸준한 학습은 매우 중요할 수밖에 없다. 하지만 이는 학벌이나, 혹은 학력을 의미하는 것이 아니다. 중요한 것은 세상과 사람들로부터 끊임없이 배워나가는 '학습력'이다. 모든 것이 학교이며 모든 사람이 나의 스승이라는 생각을 가지면, 언제 어디서든 배움을 찾아내고 흡수하는 자신을 만들어 나갈 수 있을 것이다.

열정도 자칫하면 목적 없는 질주가 될 수 있다

우리에게는 인생을 살아가는 항해술이 필요하다. '술(術)'이라는 말이 붙어 있는 것에서 알 수 있듯, 그것은 하나의 기술이자 노하우이다. 아무리 준비된 사람이라도 이런 기술이 없으면 올바르게 순항하기 힘든 것이 현실이다. 1912년, '신도 침몰시킬 수 없다'는 명성을 지닐 정도로 튼튼하고 호화로웠던 여객선 타이타닉호가 바다 속으로 가라앉은 것도 바로 이런 항해술이 부족했기 때문이다. 그 참상은 엄청났다. 무려 1,500여 명의 사람들이 순식간에 목숨을 잃었기 때문이다.

우리 인생에서 이런 참상은 실패자의 꼬리표와 함께 재기를 꿈꾸기조차 힘든 절망적 상황이다. 이렇게 자신을 좌초시키지 않기 위해서는 항해의 기술을 습득하게 하는 '학습력'이 절대적으로 필요하다. 학생이라는 신분의 정규교육을 넘어서는 더 크고 많은 공부, 바로 이것이 우리에게 인생을 살아가는 항해력을 길러준다.

심지어 많은 사람들이 강조하는 열정조차도, 이런 학습력과 결합되지 않으면 자칫 위험할 수 있다. 성공학 분야의 대가인 지그 지글러는 이렇게 이야기했다. "열정과 긍정적 사고 모두 중요하지만, 그것은 당신을 멀리 데려다 놓을 뿐 정상 너머에 머무르게 해주지 못한다. 열정, 그것은 어둠 속의 질주와 같다. 목적지에 도달할 수도 있지만 도중에 목숨을 잃을 수도 있다."

이것은 일종의 방향성과 연관되어 있다. 열정은 강한 추진력이 되어 주지만 그 과정에서 얼마나 올바르게 가는지 검토되지 않는다면 목적 없는 질주가 될 수 있기 때문이다. 따라서 이런 방향성을 끊임없이 수정하고, 잡아줄 수 있는 도구가 바로 지속적인 학습이다.

인류의 달 탐험을 성공시킨 아폴로호. 사람들은 아폴로호가 그저 계획된 경로를 통해 달에 도착했다고 생각하지만, 실제 아폴로호의 경로는 도중에 끊임없는 경로 수정을 거쳤다. 아폴로호의 선장 닐 암스트롱은 이렇게 말했다. "아폴로호에 탄 사람들은 항상 가는 길을 주시했습니다. 길에서 조금이라도 벗어나면 곧바로 궤도를 수정했죠. 우린 목표한 곳에 도달한 인물들이 언제나 올바른 궤도에 있었을 거라 생각하죠. 그러나 제가 우주 비행을 통해 느꼈던 건 과정은 직진이 아닌, 늘 지그

재그라는 겁니다. 다만 궤도를 벗어날 때마다 수정하는 게 중요합니다."

결국 학습력이란 우리의 잘못된 궤도를 수정하고, 끊임없이 변수에 대응하게 하는 힘이라고 할 수 있다. 건강한 학습력이 없는 목표와 갈망은 다니엘 S. 밀로가 이야기하는 것처럼 미래중독자로 스스로를 옭아맬 뿐이다. 그렇다면 이런 학습력을 기르기 위해서는 어떻게 해야 할까? 가장 중요한 것은 '무형식 학습'에 대한 개념을 잡고 여기에 매진하는 일이다. 학교나 학원은 '형식 학습'이라고 불린다. 정규화된 프로그램, 체계적인 과정, 선생님들이 존재하는 형식 학습이다. 반면 무형식 학습은 틀이 전혀 존재하지 않는다. 본인 스스로가 형식을 찾아내어 성찰하고, 지식을 지혜로 바꾸는 과정이다. 사실 우리 인생 전체를 봤을 때 형식 학습이 도움을 주는 부분은 일부분일 뿐, 나머지 대부분은 사회에서 배운 무형식 학습이 차지한다.

'글자 없는 책'을 읽는 법

대문호 루쉰은 '인생은 글자 없는 책이다'라는 말을 한 적이 있다. 모든 책에 있어야 할 글자가 없다면 어떻게 학습을 할 수 있을까? 뜻이 있는 사람만이 글자 없는 책을 읽을 수 있다. 뜻을 품는 것은 곧 학습에 대한 열의이며, 이것의 본질이 바로 학습력이다. 따라서 일단 학습력을 갈망하고 이것을 갖추고 있을 때에만 우리는 다른 사람들의 눈에는 보이지 않는 '글자 없는 책'을 읽을 수 있다.

이런 무형식 학습에 대한 강한 열의를 가진 가장 대표적인 사람이 바로 러시아의 작가, 막심 고리키였다. 그는 실제 학교를 다닌 기간은 몇 개월 되지 않았지만, 훗날 『나의 대학』이라는 작품을 썼다. 그가 말하는 대학은 바로 그가 살아갔던 사회였다. 그는 작품에서 자신이 '사회라는 대학'에서 배운 것들을 말했다. 고난 받는 학생으로서의 그는 요리사, 품팔이 등을 전전하며 암흑통치의 시기였던 차르 시대를 온몸으로 겪어냈다. 그리고 그러던 와중에도 조국 러시아에 대해 깊이 생각하고 사랑을 느꼈다. 특히 그는 볼가강 부두의 짐꾼에서도 노동의 의미를 배웠으며 정치범에게는 정신의 힘을, 제빵사에게서는 인생철학을 배웠다고 말한다.

진화론을 창시한 다윈은 케임브리지대학에서 신학을 전공했지만, 그것에 대해서는 어떤 흥미도 느끼지 못했다. 그래서 결국 스스로 과학을 탐구하고 생물학과 관련된 강의를 들었다. 또한 사회의 많은 사람들을 만나면서 그들로부터 많은 것을 배웠다. 그는 훗날 자신의 학습에 대해서 이렇게 이야기했다. "내가 배운 내용 중 가치 있는 것들은 모두 직접 깨우친 것이었다." 그는 이른바 '사회라는 대학'에서 배운 것이 더 가치 있었다고 고백하기도 했다.

성찰을 통해 '절대적 목표를 향한 등불'을 켰다면, 이제 해야 할 것은 지속적인 학습력으로 그것을 향해 나아가는 일이다. 사람이 길을 걷고 있는 모습을 보고 공자는 이런 말을 남겼다. "세 사람이 길을 같이 걸어가면 반드시 내 스승이 있다. 좋은 것은 본받고 나쁜 것은 살펴 스스로 고쳐야 한다(三人行必有我師焉 擇其善者而從之 其不善者而改之, 논어 술이편)"

여기에서 '세 사람'은 단 3인을 말하는 것이 아니다. 중국에서는 일반적으로 세 명을 '여러 사람' 정도로 해석하기 때문에 바로 세상의 모든 사람들이 우리에게 스승이 될 수 있다는 의미이다. 모두에게서 배울 수 있는 혜안을 가질 때, 당신의 학습력은 날개를 달 것이다.

참조집단과 시간전망

참조집단	시간전망
내가 누구와 함께하고 있는가?	얼마나 멀리 볼 수 있는가?

우리 인생의 종국적인 성공과 실패를 좌우하는 데에는 '참조집단'이 매우 중요하다. 그러니까 당신이 누구와 함께 있는가가 무척 중요하다는 이야기이다. 하버드 대학의 데이비드 맥클랜드 교수는 특정인의 성공과 그가 관여하고 있는 참조집단에 대한 연구를 25년간 진행했다. 그러니까 누구와 대화하고, 누구와 시간을 보내는가가 과연 한 사람의 실패와 성공에 어떤 영향을 미치는지 연구했던 것이다.

그 결과 실패자의 95%가 '목표 없이 헤매는 사람들과 어울렸기 때문'이라는 사실을 발견했다. 그들은 패배자와 어울리면서 동시에 패배자가 되어 갔던 것이다. 그들처럼 말하고, 그들처럼 걷는 것은 물론이고 그들의 신념, 가치관, 태도를 수용하고 그들의 자아개념까지 고스란히 있는 그대로 받아들였다.

사실 이것은 누구나 한 번쯤은 해보았을 법한 경험이다. 사람과 사물을 대할 때 늘 부정적인 사람과 함께 있으면 그 자신도 어두운 면만 보게 된다든지, 혹은 게으른 사람과 함께 시간을 보내면 자신도 모르게 게을러지는 것이 바로 그런 경험이다.

그리고 일단 이런 면모가 한번 습성화되기 시작하면 그때부터는 악순환에 빠진다. 사람들은 늘 자신과 비슷한 성향을 가진 사람을 만나는 경향이 많은데, 이는 곧 그런 사람들과 있으면 편하고 익숙하기 때문이다. 따라서 서로가 악영향을 미치면서 결국 비슷한 운명을 걷게 된다.

자신의 참조집단을 바꾸기 위해서는 '내가 누구와 함께하고 있는가'를 살펴보고, 새로운 참조집단을 찾으려는 노력이 필요하다. 이런 참조집단의 변화는 감성적·심리적 배경의 근저를 바꾸는 큰 역할을 한다. 자신보다 나은 참조집단이라면 늘 새로운 자극을 받으며 스스로를 성찰하고, 배움에 대한 욕구를 키워나갈 수 있기 때문이다.

이런 참조집단과 더불어 시간전망이라는 것도 매우 중요하다. 하버드대학의 에드워드 벤 필드 박사는 개인의 경제적 성공이 어떤 요인에 의해 가능한지를 다양한 측면에서 연구했다. 그 결과 어떤 특정한 요인이 다른 요인들보다 더욱 앞서고 있다는 사실을 발견했다. 그것은 바로 '시간전망(time perspective)'이라는 개념이다. 사회에서 지위가 높을수록 그 사람은 시간의 지평이 더욱 길었다고 한다. 이는 곧 무엇인가를 생각할 때 짧고 빠르게 이루겠다는 것이 아니라 긴 전망에서 장기적으로 이루어 나아감을 의미한다. 그러니까 무엇인가 하나의 선택을 하더라도 다음 달, 혹은 내년을 위해서가 아닌, 5년 뒤, 10년 뒤, 심지어는 20년 뒤를 내다본다는 이야기다. 따라서 그들은 그 시간 동안 자신이 치러야 할 대가를 기꺼이 받아들이고, 오랜 시간 동안 싫어하는 일을 하기도 하고, 그 사이 겪게 되는 역경과 고난도 받아들인다. 하지만 반대의 경우, 즉 절망적인 상태에 놓여 있다고 할 수 있는 마약 중독자들, 혹은 알코올 중독자들의 경우 시간 전망이 채 1시간 밖에 되지 않는 경우도 있었다. 그러니까 그들은 자신에게 주어진 시간이 오로지 1시간인 것처럼, 단기적인 이익만 좇고 즉각적인 만족을 위해 생각하고 판단하는 것이다.

또한 이런 장기적인 시간전망 안에서는 실패와 성공의 본질이 뒤바뀌는 일이 생기기도 한다. 즉, 단기적으로는 실패라고 보이는 것이 사실 장기적으로는 성공이 되는 것이며, 반대의 경우도 생기는 것이다.

당장 이익이 있어서 성공적이라고 여길 수 있지만, 장기적으로 볼 때 오히려 독이 될 수도 있다. 따라서 자신의 시간전망이 어느 정도인지를 가늠해보고, 그것을 더욱 장기화하면서 꾸준히 노력하고 실천하는 모습을 만들어 나가야 할 것이다.

08

폐기학습,
새로운 지식을
채워 넣는 과정

배움은 지식의 가지들을 끌어 모으고, 채우고, 그것을 더 단단히 하는 과정을 거친다. 따라서 배움이란 기본적으로 '얻는 것'이라고 할 수 있다. 그런데 여기에서 한 가지 전제되어야 할 점은 그것이 '단계적 폐기와 새로운 채움의 과정들'을 거쳐야 한다는 점이다. 특정 단계에서 필요한 절대적 지식과 공부는 시간이 흐르면서 더 나은 단계로 나아간다. 이에 기존의 지식은 자신의 생명을 다하고 새로운 지식과 공부에 그 자리를 내어준다. 이것이야말로 진정한 '배움의 순환과정'이다. 배우고, 그것을 잊는 무한 과정이 삶을 더욱 고양시킨다. 그리고 여기에서 과거의 지식은 지혜로 상승하고, 다시 지식이 더해지면서 더 나은 지혜의 상태로 나아간다.

교수를 당황하게 한 노승의 대답

한 명문대 교수가 명망이 높은 승려를 찾아갔다. 노승은 지혜롭기로

소문이 나 있었고, 교수는 그를 직접 만나 명망을 시험을 해보고 싶었다. 드디어 면담이 이루어진 날, 둘은 찻잔을 사이에 두고 앉았다. 노승은 교수의 찻잔에 차를 따르기 시작했는데, 이상하게도 흘러넘치고 있음에도 불구하고 계속해서 차를 따르고 있었다. 교수가 이야기했다. "스님, 찻잔이 넘치고 있습니다. 그런데도 왜 계속 차를 따르고 계시는지요."

노승은 대답했다. "당신의 마음은 넘쳐흐르는 찻잔과도 같습니다. 아무리 좋은 말을 들려주어도 당신은 들으려 하지 않을 겁니다."

그들의 대화는 '폐기학습(un-learning)'의 중요성을 단적으로 드러내주는 것이라고 할 수 있다. 새로운 찻물이 들어가기 위해서는 기존의 찻물이 자리를 비워주어야 한다. 새로움이 생성되기 위해서는 반드시 폐기라는 과정이 필요하다는 의미이다.

저명한 경영학자인 게리 하멜은 조직이 기존의 사고방식에서 벗어나 보다 나은 새로운 지식을 얻기 위해서는 오래되고 낡은 것들을 폐기해야 한다고 강조한다. 오랜 기간 동안 형성된 과거의 가치나 신념, 그리고 지식들이 고유의 단단한 패턴으로 작용해 오히려 새로운 것을 스펀지처럼 빨아들이는 데에 장애물로 작동하기 때문이다. 심지어 그는 '계획된 폐기(planned abandonment)'의 개념까지 받아들여야 한다고 말한다. 이렇게 했을 때에만 과거의 굴레에서 벗어나 새로운 배움을 자신의 것으로 만들 수 있고 더 나아가 창조적인 행위를 할 수 있다는 것이다. 이는 회사의 조직 단위에서뿐만 아니라 개개인에게도 동일하게 적용된다. 어렸을 때부터 받아온 교육, 개인의 생활로 만들어진 습관, 문화, 패턴들이 한 사람의 발전적인 혁신을 방해하기 때문이다. 이른바 습관과 문화, 패턴의 디톡스가 일어나야 새로워진 틈새 사이로 새로운 발전 가능성이 생성된다.

변화하는 세상, 반드시 필요한 폐기의 과정

폐기학습이 중요한 이유는 시대가 너무도 빠르게 변화하고 있기 때문이다. 사실 수십 년 전만 해도 무엇인가를 한번 배우면 평생 활용할 수 있었다. 세상의 변화는 느렸고, 패러다임은 공고했으며 트렌드라는 것은 그다지 찾아볼 수 없었다. 아버지에게 농사기술을 배워, 그것을 다시 자식에게 전수해주어도 문제가 없었다. 이런 상황에서는 '과거의 지식 VS 새로운 지식'이라는 것 자체가 큰 의미가 없다. 새로운 것이 없으니 폐기해야 할 것도 없었던 것이다. 하지만 이제 정보와 지식은 하루가 다르게 쏟아져 나오고 있으며 심지어 이제는 한 개인이 감당할 수 없을 정도가 되어버리고 말았다. 그러니 폐기를 통해 새로운 학습의 계기를 만들지 않으면 그 자체가 이미 경쟁력에서 뒤처졌음을 의미한다.

'고집스럽다'는 말은 긍정적인 의미도 담겨 있다. 자신의 신념을 고수하거나, 한번 정한 목표에서 벗어나지 않는 장인정신을 의미할 수도 있기 때문이다. 하지만 고집이라는 말을 지식의 분야에 적용하면, 그것은 긍정적인 의미가 아닌, 과거의 지식에 사로잡힌 문맹자의 의미라고 할 수 있다. 미래학자 앨빈 토플러는 그의 책 『부의 미래』에서 '무용지식'이라는 개념을 언급했다. 이는 '무용하다(obsolete)'와 '지식(knowledge)'이 합쳐진 신조어로서 'obsoledge'라고 한다. 지식은 지식이되 아무런 쓸모없는 지식이며, 이런 것들이 폐기되어야 함을 지적하는 말이다.

한 분야에서 자신만의 성취를 이룬 사람의 특징은 생각이 활짝 열려 있다는 점이다. 특정한 도그마(dogma)에 사로잡혀 있지 않고, 어떤 순간에는 '너무 자유롭다' 싶을 정도로 유연한 경우도 있다. 이런 특징들은 자신들의 기존 지식을 폐기하는 것에 거부감이 없다는 의미이며, 이는 그만큼 새로운 지식을 습득할 수 있다는 뜻이다. 한편으로 우리는 시간과 경험이 들어있는 과거의 지식을 폐기하자니 아까운 생각이 들수도 있다. 하지만 너무 아까워할 필요는 없다. 과거의 경험과 지식은 고스란히 우리 삶의 지혜가 되어 이미 우리 안에 간직되어 있다. 어제 저녁 무슨 음식을 먹었는지 잊어버릴 수는 있어도 섭취한 영양소는 이미 몸속에 남아 활발하게 대사 작용을 하는 것처럼 말이다.

09

실패에서 인생을 배우며,
실패를 컨트롤하는 게임

우리는 실패라는 것을 '경로의 이탈'로 규정하는 경우가 많다. 즉, 성공으로 가는 과정에서 겪게 되는 좌절, 혹은 그것의 장애물이라고 생각하는 것이다. 이는 실패와 성공이 서로 양극단에 존재한다고 여기는 인식이 배경이 되고 있다. 가장 대표적인 것이 '실패할 것인가? 성공할 것인가?'라는 말, 혹은 '실패는 없다. 우리에겐 성공뿐이다.'라는 말이다. 하지만 이렇게만 보면 우리는 실패가 가진 진면목을 제대로 찾아내기 힘들다. 실패는 성공과 반대방향으로 가는 것이 아니라 '동시에', '같은 방향으로' 가고 있으며, 그들 사이에 오가는 끊임없는 작용과 반작용이 결국 최종적인 성공을 만들어낸다.

과학자가 실패에 환호하는 이유

카이스트의 이흔 교수는 국내 생명공학 분야에서 놀랄 만한 업적을 쌓은 사람으로 명성이 높다. 그는 '이달의 과학자기술상', '학술대상'을

234   5단계 성찰(Reflection), 절대적 목표를 향한 등불

받은 것은 물론이고 해외의 관련 협회로부터 '평생업적상' 등을 받기도 했다. 특히 그는 이산화탄소와 메탄하이드레이트의 교환 원리를 규명하는 등 세계적인 업적을 세우고 있다. 그런 그가 끊임없이 추구하는 것이 바로 '실패'이다. 그는 실패를 만나면 즐거워하고 흥분한다. 실험이 잘 되어서 그래프, 혹은 데이터가 자신의 예상대로 나올 때는 놀랄 만한 결과를 얻기 힘들다는 이유 때문이다. 이미 자신이 알고 있는 내용이 그대로 반복될 뿐, 색다른 결과를 얻어낼 수 있는 기회를 상실하는 것이라고 본다. '왜 이렇게 됐을까?'에 골몰하는 과정 자체가 이미 창조성의 세계로 진입하는 것이기 때문이다. 이흔 교수에게 실패란 곧 '창조의 시작'이나 '새로운 성공적인 연구를 위한 단초'인 것이다. 따라서 그에게 실패는 곧 성공과 동의어라고 해도 과언이 아니다.

세계적인 거부며 사업가인 빌 게이츠 역시 '실패가 없었으면 나도 없었다'고 말한다. 그는 여러 번의 실패가 곧 마이크로소프트사의 발전과 성공에 큰 도약의 역할을 했다고 밝혔다. 그는 자신의 책 『생각의 속도』에서 이렇게 고백했다. "시간 낭비라고 할 수도 있었던, 오메가라는 데이터베이스 프로그램의 실패는 결국 마이크로소프트사에서 가장 유명한 마이크로소프트 엑세스를 탄생시켰다. 수백만 달러의 돈과 엄청난 시간을 투자했던 IBM과의 운영체계(OS) 프로젝트는 중단되었지만, 이것은 훗날 윈도우즈 NT를 만들게 했다. 실패한 로터스 1-2-3보다 진보된 개념의 스프레드 시트를 제작하려던 프로젝트의 실패는 마이크로소프트 엑셀의 발전에 큰 도움을 주었고, 엑셀은 모두가 잘 아는 것처럼 경쟁자를 물리치고 시장을 선점했다."

사실 실패는 그 자체로 좌절이라기 보다는 '성공을 향해 가는 여정에서 생기는 반작용'으로 보아야 한다. 세상이 정(正)-반(反)-합(合)의 원리에 따라 움직이듯, 성공의 과정에도 실패라는 반작용이 있어야 그 성공적인 결과도 더욱 가속화될 수 있다.

빌 게이츠는 자신의 실패의 경험을 되돌아보면서 우리에게 이런 삶의 지혜를 전해준다. "당신이 만일 유쾌하지 않은 소식을 접했을 때 그것을 부정적으로 받아들이지 않고 변화를 위한 필요로 받아들인다면, 그 소식 때문에 의기소침해지지 않을 것이다. 오히려 그것을 통해 배울 것이다."

인생에서 '실패'라는 것의 의미

우리가 여기에서 한걸음 더 나아가면, 인생 자체가 끊임없이 '실패를 컨트롤하는 게임'이라는 사실을 알게 된다. 영원한 축구의 명장으로 기억되는 히딩크는 축구의 속성에 대해 이렇게 이야기했다. "축구는 실패투성이 게임이다. 골을 만들어내려고 수많은 드리블과 패스를 시도하다 겨우 한두 골로 승부를 결정짓는 경기다. 그 숱한 시도들은 대부분 실패하고 만다. 따라서 축구는 실패를 컨트롤하는 경기다. 정확한 슈팅을 날리고 정확한 패스를 하는 게 중요하지만, 축구 속성상 부정확한 경우가 훨씬 더 많다. 따라서 한 번 실패했다고 그 선수 체면이 손상되는 건 아니다. … 한국 문화에서는 단 한 번의 실패가 그 선수의 운명을 결정짓는 경우가 있다. 하지만 축구에서는 실패를 했느냐보다 한 번의 성공을 위해 얼마나 많은 시도를 했느냐가 훨씬 더 중요하다. 실패는 얼마든지 있을 수 있기 때문이다."

그의 '실패를 컨트롤하는 경기'라는 말은 우리 삶에도 정확하게 적용된다. 우리는 어렸을 때부터 끊임없이 실패를 경험한다. 사실 따지고 보면 '성공'이라고 말해지는 것이 아니면 모두가 '실패'로 규정될 수 있다. 따라서 우리가 어떻게 실패하고, 그 과정에서 무엇을 배우느냐가 인생의 전 과정이라고 표현해도 과언이 아니다.

이는 자신의 행위를 실패로 규정하는 것뿐만 아니라 타인이 내 삶의 행보를 '실패'라고 규정하는 것에도 동일하게 적용된다. 타인들이 아무리 나를 '실패자'라고 규정해도 그것은 그저 그들의 시각에 불과하며, 나의 성공과는 아무런 관련이 없다.

전 세계인의 가슴에 남아있는 엘비스 프레슬리는 음악 선생님으로부터 '너는 노래를 하지 않는 편이 좋겠다'는 충고를 들었으며, 마릴린 먼로는 매력이 없다는 평을 받고 20세기 폭스사로부터 계약파기와 해고를 당하기도 했다. 파블로 피카소는 초등학생 때 형편없는 성적을 받았으며 종종 '독방'이라는 곳으로 불려가 아이들과 격리되어 있어야만 했다. 세계적인 영화감독인 스티븐 스필버그는 성적이 좋지 않아 UCLA 영화 학교에 입학할 수가 없었다. 스스로 포기하지 않는 한, 남들이 내리는 '실패자'라는 규정은 사실 전혀 자신과 무관했던 것이다.

'실패하지 않는 단 한 가지 방법'이 있다. 그것은 바로, 아무 것도 시도하지 않는 것이다. 성공을 향한 여정이 없다면, 실패의 경험도 없다. 지금 실패하고 있다면 무엇인가에 도전하고 있다는 의미이고, 또한 그 실패의 경험을 최대한 적절하게 활용하고 있다면, 성공으로 가는 길이 열리고 있다는 의미이다.

성찰을 도와주는 유용한 질문들

"내가 알 수 있는 것은 무엇인가? 그래서 내가 마땅히 해야 할 일은 무엇인가? 내가 희망으로 삼아도 좋은 일은 과연 무엇일까? 인간은 무엇인가?"

위대한 철학자 칸트는 위의 네 가지 질문을 반드시 자신에게 해보아야 한다고 말했다. 만물의 영장인 사람으로 태어나 살아가는 우리들이지만, 정작 우리 자신에 대해 많이 알지 못하는 경우가 대부분이다. 본격적으로 성공과 행복을 향해 매진하기 전에 일단 멈춰서 삶에 대해 진지하게 성찰해야만 한다. 사실 성찰은 그리 어려운 것이 아니다. 그저 스스로에게 질문하는 것뿐이다. 이런 질문을 통해 자신의 좌표를 설정하고 자신만의 성공 철학 기초를 세우는 일이다. 아래와 같은 질문들은 당신의 철학에 도움이 될 훌륭한 질문들이다.

- 인간은 왜 태어나는가?
- 인간은 과연 무엇을 위해 사는가?
- 저 광활한 우주는 도대체 무엇 때문에 존재하는 것일까?
- 인생이란 무엇인가?
- 인생의 목적은 무엇인가?
- 나는 누구인가?
- 나는 왜 살아가는가?
- 나는 왜 이곳에 있고 어디로 가는 걸까?
- 도대체 삶과 죽음은 무엇인가?
- 내 삶의 목적은 무엇인가?
- 내 인생은 과연 성공하였는가?
- 그래서 지금 행복하고 즐겁게 살고 있는가?
- 어떻게 사는 것이 행복하게 사는 것인가?

물론 이런 질문에 당장 완벽한 답변이 나오지 않을 수도 있다. 또 어떤 의미에서는 완벽한 대답이란 존재하지 않을 수도 있다. 그러나 이 질문들을 가슴속 큰 화두로 안고 살아간다면, 늘 방향을 잃지 않고 성찰하는 나날들을 보낼 수 있을 것이다.

인지의 변화(Position Change) 2

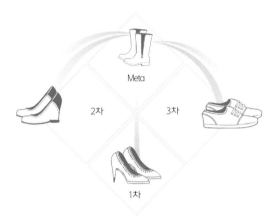

Meta

2차   3차

1차

　역지사지, 입장을 바꿔보면 이해가 됩니다. 타인의 입장이 되어보고 타인
의 상황으로 들어가 보는 것은 인간이 인간에게 할 수 있는 최고의 관용 중
하나일 것입니다.
　1차는 현재 나의 자리(입장)입니다. 나와 관계 맺고 있는 타인의 자리(2차)
로 몸을 옮겨보십시오. 공간을 만들고 한 걸음 걸어 들어가 보는 것입니다.
그리고 그 자리에 시간을 두고 머물면서 그가 어떤 상황이고, 어떤 감정인지
느껴보십시오. 3차의 자리는 나와 너의 관계 밖, 제3의 입장이 되어 보는 것
입니다. 지나가는 길손이 우연히 나 또는 나와 타인의 관계를 보고 뭐라고
생각할까요? 지나가는 사람의 입장이 되어 나와 그의 역동을 살펴봅니다. 이
런 연습은 지각적 입장을 통해 관점을 다양하게 가질 수 있도록 도와줍니다.
메타(meta) 입장은 1,2,3차 입장 전체를 관조하는 자리입니다. 우주의 입장,
신의 자리라고도 합니다. 가끔 메타 입장으로 들어가 전체의 조망을 통해 통
찰력 훈련을 하는 것은 성찰 훈련의 또 다른 모습입니다.

인생곡선(Life Line)

나의 인생을 돌아보는 시간을 가져봅시다. Y축은 얼마나 행복감을 느꼈는지에 대한 기억입니다. X축은 시간 선이므로 나의 나이입니다. 나의 나이대별로 기억되는 행복의 수준을 체크하시고 그와 관련된 기억에 남는 사건들을 적어보십시오. 100세 인생을 한 장으로 그려보는 것은 삶을 관조할 때 사용할 수 있는 좋은 도구입니다.

혜주(慧主)의 리모델링 7단계(Remodeling 7steps)

1 현재의 나의 모습에 무한 _____ 를 표현하라.

2 변화를 _____ 바라고,
꼭 _____ 한 것이라고 믿어야 한다.

3 스스로 평소 꿈꿔오던 _____ 을
정확히 _____ 하라.

4 강력한 _____ 으로 만들어 표현하라.
3P: _____ & _____ & _____

5 묘사한 _____ 의 모습을
선명하게 _____ 하라.

6 _____ 을 가지고 우주에 _____ .

7 _____ !

진정한 변화를 위한 셀프-리모델링(Self-Remodeling) 실천방법입니다. 7단계를 따라 가며 일상에서 실천 한다면 삶이 달라져 있음을 확인할 수 있습니다.

❶ 현재 나의 모습에 무한한 감사를 표현하라.

진짜 시작은 '그럼에도 불구하고 감사'하는 것입니다. 이런 마음은 내 마음의 평화를 가져오며 새로운 시작의 동력이 됩니다. 불평불만을 생각하고 표현하는 순간 불평불만의 에너지는 나를 따라 다닙니다. 완전히 에너지를 전환해야 합니다. 그럼에도 불구하고! 감사할 일을 찾으십시오. 그리고 매 순간 감사하십시오. 만약 진짜 기도란 것이 있다면 그것은 '감사기도'일 뿐입니다.

일터에서 팀장님 때문에 너무 힘들다고요? 그래서 감사할 수 없다고요? 그럼 이렇게 감사하십시오. "와우! 그런 이상한 팀장이 한 명 밖에 없음이 정말 감사한 일이다!"라고요.

❷ 변화를 간절히 바라고, 꼭 필요한 것이라고 믿어야 한다.

모든 것은 간절함에 비례합니다. 스스로 간절함이 없는 사람은 아무리 주변에서 소위 '동기부여'를 시도해도 소용없습니다. 만약 간절함이 없다면 소망하지 마십시오. 그것은 나의 소망, 나의 목표가 아닌 것입니다. 정말 그 필요성을 믿어야 하고, 소망함이 있어야 합니다.

불교계의 성철 스님은 자신을 만나려면 3천 배를 해야 한다는 조건을 달았습니다. 성철 스님을 만난 사람은 모두 큰 변화를, 큰 가르침을 받았다고 합니다. 이는 성철이라는 스님이 대단한 것이 아니라, 그를 만난 사람들의 간절함 때문일지도 모릅니다. 어쩌면 무료 교육·무료 상담의 효과성이 현저히 떨어지는 것도 같은 이유일지 모릅니다. 현명한 선생님은 오히려 무료가 없습니다. 적절한 간절함을 끌어내고 스스로 창조하게 하는 교육비를 받는 것은 큰 지혜일수도 있습니다.

❸ 평소 꿈꿔오던 이상향을 정확히 묘사하라.

내가 원하는 삶, 내가 원하는 모습을 구체적으로 설명하고 묘사할 수 있어야 합니다. 막연히 훌륭한 사람이 되는 것, 행복한 삶을 사는 것과 같은 추상적인 목표가 아니라 구체적으로 묘사되는 세밀한 희망사항이 있어야 상상은 힘을 받습니다.

❹ 강력한 긍정문·현재형 문장으로 만들어 표현하라.

주저하지 마십시오. 내가 원하고 바라는 모습을 긍정문으로 강하게 표현하십시오. 현재형으로 생생하게 그리십시오. "잠자고 있는 나에게 누가 소원이 무엇이냐 묻는다면, 나는 한 치도 망설임 없이 이야기할 것이다. 대한의 자주 독립이요!"라고 하신 독립운동가 김 구의 말처럼 언제나 어디서나 나는 자신 있게 강렬하게 열정을 가지고 이야기할 수 있어야 합니다.(36쪽 '3p' 참고)

❺ 묘사한 이상향의 모습을 선명하게 상상하라.

결심은 부러지지만 상상은 부러지지 않습니다. 오감을 총동원해 원하는 나의 미래를 생생하게 상상하십시오. 잊지 마십시오. "나의 관심이 가는 곳에 나의 에너지가 흐르고, 나의 에너지가 흐르는 곳으로 내 인생은 흘러간다."

❻ 확신과 경외심을 가지고 우주에 선언하라.

이런 나의 생각·희망·기대를 우주에 선언하십시오. 삶은 미스터리입니다. 그저 우주에 선언하십시오. 내가 당당히 외치면 우주는 그에 상응하는 응답을 할 것입니다. 경외심은 나의 상상을 넘는 일이 벌어지게 되는 새로운 문입니다. 모든 문을 열어두십시오.

❼ 마치 다 이루어진 것처럼 일상을 살아가십시오!

AS IF 모델을 실천해보십시오. 그냥 마치 다 이루어진 것처럼 걷고, 쳐다보고, 말하고, 행동하십시오. 흉내 내다 보면 내가 그것이 됩니다.

혜주(慧主)의 리모델링 6단계(Remodeling 6steps)

1   지혜로운 자유인으로서 나는,

㉮ ....

㉯ ....

㉰ ....

2   _____의 구성원으로 나는,

㉮ ....

㉯ ....

㉰ ....

3   배우자(연인/친구)로서 나는,

㉮ ....

㉯ ....

㉰ ....

4   부모(자녀)로서 나는,

㉮ ....

㉯ ....

㉰ ....

5 　　　　　　　　　사회의 일원으로서 나는,

㉮ ....

㉯ ....

㉰ ....

6 　　　　　　　＿＿＿＿＿＿＿＿＿로서 나는,

㉮ ....

㉯ ....

㉰ ....

우리는 다양한 역할을 하며 지구라는 무대에서 연기하고 있습니다. 각각 역할에 따라 해야 할 일, 마음가짐, 주로 해야 하는 행동, 만들어 두어야 하는 환경 등이 다를 것입니다. 나의 역할을 잘하기 위해 나는 어떻게 존재해야 할까요? 다음의 질문에 답해 보십시오.

1. 내가 먼 길을 떠난 후(사후에) 사람들에게 어떻게 기억되고 싶습니까? 사람들이 어떤 사람으로 기억해 주기를 희망하십니까?
2. 내가 __라는 조직(단체/모임 등)을 떠나고(은퇴하고) 난 후 함께한 동료와 선후배들에게 어떤 존재로 기억되고 싶습니까?
3. 먼 길 떠난 후 배우자(연인/친구)에게 어떤 존재로 기억되고 싶습니까?
4. 세월이 흘러 우리 아이(들)에게 어떤 사람으로 기억되고 싶습니까?
5. 함께했던 커뮤니티에 어떤 존재로 기억되고 싶습니까?
6. 원하는 질문을 스스로 만들어 답해보세요.

우리는 마지막을 생각하면 무엇이 소중한지를 새삼 깨닫게 됩니다. 위의 질문에 나온 대답을 화두로 삼아 삶의 구체적 방향을 살피고 미래의 목표를 세워보는 성찰의 시간을 가져보십시오.

자아정렬 피라미드
(Level of Support for Learning & Change)

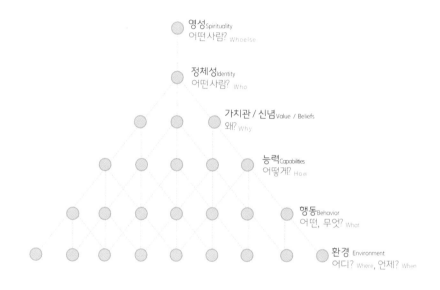

앞에서 결정한 나의 모습 하나를 선택합니다. 다음 질문에 답해가면서 자아정렬을 진행해 봅니다.

1. 당신은 어떤 존재로 기억되고 싶습니까?
2. 그런 존재로 기억되는 사람은 어떤 신념을 가지고 있고, 어떤 가치를 중요하게 여기며 살아갈까요?
3. 그런 존재로 기억되는 사람은 어떤 능력을 가지고 있고, 또 계발하며 살아갈까요?
4. 그런 존재로 기억되는 사람은 어떤 행동을 잘하고, 또 자주 하며 살아

갈까요?

5. 그런 존재로 기억되는 사람은 삶의 주변 환경을 어떻게 만들고 있고, 만들려고 하고 있을까요?

어웨이크너는 스스로 결정한 자신의 정체성에 걸맞은 신념·능력·행동·환경을 만들어 가야 합니다.

어웨이크너의

Self Awareness

확대 훈련 도구들

00 죽음을 생각하기

매 순간 죽음을 준비하는 것. 시간을 귀하게 사용하게 되며, 소중한 것부터 생각하게 되며, 심지어 사용하는 물건도 줄이게 된다. 압축적이며 의미 있게 살게 되는 원동력이다. 인간에게 최고의 스승은 죽음이다. 당장, 매 순간 죽음을 준비라. 죽음은 '수행'을 위한 최고의 동기다.
- 자신의 묘비명 쓰기, 유언장 쓰기
- 미니멀 라이프를 위한 물건 버리기

01 모닝 페이지 쓰기

- 줄리아 카메론의 「아티스트웨이」나 할 엘로드 「미라클 모닝」 참조

02 호흡훈련으로 이완하기

- 4-4-4-4호흡(4박자에 맞춰 내쉬고-멈추고-마시고-멈추고)

03 C.O.A.C.H 체조하기

- 1분체조 오전, 오후, 저녁(참고: https://vimeo.com/443830180)

04 감사리스트 쓰기

- 감정이 올라옴을 알아차리고 바로 메모지에, 휴대폰에 감사함을 적어본다.

05 분아(分我, part)와 대화하며 긍정적 의도 찾아 안아주기

- NLP의 Core Transformation 또는 6단계 Reframe 연습해보기

06 싱잉볼 / 음악 / 자연의 소리 들으며 명상하기

07 자비심 훈련하기(참고: https://theavatarcourse.com)

08 멈추고 판단중지하며 4F 훈련하기

- fact / find / feel / feed

09 Time Line 걸으며 자기대화와 성찰하기

10 부모님, 아이들, 가족, 친구에게 안부·감사 전화하기

11 내가 원하는 목표와 같은 목표를 이룬 이에게 축하의 메시지 보내기

- 만나서 해도 좋고, 문자를 보내도 좋고, 마음으로 보내도 좋음

12 소리내어 책 읽기

- 많은 책을 읽는 것이 아니라 좋은 책을 골라 읽기

13 책상과 내 방을 비우고, 버리고, 청소하기

14 차 또는 커피 한잔 마시며 느끼기

15 올라오는 감정에 이름 붙이고 바라보기

16 타인의 의자에 앉아보기

17 집중 훈련(예:Candle Focus)하기

18 CHP로 내가 만들어 낸 것들 지우기

19 Centering과 Flowing 몸으로 연습하기

20 Logical Level을 따라 걸으며 내면 정렬하기

21 NLP의 전제 읽고 성찰(또는 관조·개입) 훈련하기

22 좋은 사람들과 에너지 나누기
(예:수심단(修心團), 미라클모닝, 토스트마스터스 등 등)

23 바디스캔 훈련하기

24 만물을 스승삼아 모델링(modeling)하기

25 걷고 걷고 또 걷기

26 달리고 달리고 또 달리기

27 아무것도 하지 않고, 아무 생각도 하지 않기

이어서, 마음의 주인이 되는 나만의 훈련 적어보기

35

36

37

38

39

40

41

42

43

44

45

46

47

저자약력

이성엽(인재육성코치, 아주대학교 교수)

인간이 화두가 되는 성인교육을 전공하는 사람으로 '오랜 현장 경험이 있더라도 치열한 학습과 반성적 성찰이 없다면 공염불일 뿐이고, 현실을 외면한 연구실에서의 이론적 학습 역시 언제 무너질지 모르는 위태로운 모래성'이라고 생각하며, 학교뿐만 아니라 기업과 평생교육 현장을 온몸으로 뛰어다니기를 게을리하지 않는다.

NLP 마스터 트레이너이자 NLP University 공식 파트너로서 봉사하며, 세계적인 코치들의 연맹인 ICC(International Coaching Community) 인증 코치 트레이너로 '바른 코칭'을 알리는 데에 관심을 가지고 있다. 스스로 인생의 주인 되기를 위한 마음 훈련 묵상모임인 '수심단'을 이끌고 있으며 민주시민교육 국가유공자로 선정되어 2020년 대통령 표창을 수상한 바 있다.

현재 아주대학교 평생학습중심대학추진본부 본부장, 아주대학교 글로벌미래교육원 원장, 그리고 대학원 교육학과 '평생교육 및 HRD 전공' 주임교수의 역할을 담당하고 있으며, (사)한국상담학회 한국NLP상담학회 고문, 한국 교육컨설팅－코칭학회 회장, 한국 성인교육학회 부회장, 한국 초월영성학회 이사, 한중협회 교육위원회 위원장 등으로 봉사하고 있다.

저서로는 『실리콘밸리의 최고 기업은 어떻게 협업하는가』, 『낯선 길에 서니 비로소 보이는 것들』, 『인적자원개발론』, 『NLP로 신념체계바꾸기』, 『괜찮아, 좌절하고 방황해도 포기하지 않는다면』, 『성인경험학습의 이해』, 『타임파워』, 『빅토리』, 『팀장 3년차』, 『스무살 여행, 내 인생의 터닝포인트』, 『코끼리여 사슬을 끊어라』 등이 있다.

이미 완전한 당신: 어웨이크너

초판발행	2021년 2월 26일
중판발행	2022년 2월 10일
지은이	이성엽
펴낸이	노 현
편 집	최은혜
기획/마케팅	이선경
표지디자인	BENSTORY
제 작	고철민 · 조영환
펴낸곳	㈜ 피와이메이트
	서울특별시 금천구 가산디지털2로 53 한라시그마밸리 210호(가산동)
	등록 2014. 2. 12. 제2018-000080호
전 화	02)733-6771
f a x	02)736-4818
e-mail	pys@pybook.co.kr
homepage	www.pybook.co.kr
ISBN	979-11-6519-089-7 03190

* 파본은 구입하신 곳에서 교환해 드립니다. 본서의 무단복제행위를 금합니다.
* 저자와 협의하여 인지첩부를 생략합니다.

정 가   15,000원

박영스토리는 박영사와 함께하는 브랜드입니다.